向智尊者
領導編寫

善知
識 22

·巴利佛典·

佛陀的聖弟子傳 II

僧伽之父大迦葉·佛法司庫阿難

Great Disciples of the Buddha

U0003101

【本書作者、英文版編者介紹】

◎作者

向智長老 (Nyanaponika Thera, 1901-1994)

向智長老是我們這個時代最重要的上座部佛教詮釋者。出生於德國，他於一九三六年，在三界智大長老(Ven. Nyanatiloka Mahāthera)座下受戒，直到一九九四年末去世為止，共計度過五十八年的比丘生活。他是康堤(Kandy)佛教出版協會的創辦人與長期編輯。他的著作包括《佛教禪修心要》(*The Heart of Buddhist Meditation*)、《法見》(*The Vision of Dhamma*)與《阿毗達磨研究》(*Abhidhamma Studies*)。

何慕斯‧海克 (Hellmuth Hecker)

何慕斯‧海克是德國重要的佛教作家與巴利藏經譯者。他的著作包含《相應部》(*Saṃyutta Nikāya*第四與第五部分)的德文翻譯，以德文寫作的兩冊佛教史，以及一本德國首位佛教比丘——三界智大長老的傳記。

◎英文版編者

菩提比丘 (Bhikkhu Bodhi)

菩提比丘是來自紐約市的美國佛教僧侶，於一九七二年在斯里蘭卡出家。他目前是佛教出版協會(Buddhist Publication Society)的會長與編輯。他的著作包括《包含一切見網經》(*The Discourse on the All Embracing Net of Views*)、《阿毗達磨概要精解》(*A Comprehensive Manual of Abhidhamma*)與《中部》(*The Middle Length Discourses of the Buddha*，為共同譯者)。

目次

【巴利佛典略語表】

本書所出現的巴利佛典經文，都將採用巴利佛典的略語來標示其出處，因此，以下列出這些慣常使用的巴利佛典略語，供讀者對照參考。

AN＝Aṅguttara Nikāya《增支部》（標示節號與經號）

Ap.＝Apadāna《譬喻經》（i ＝ 長老譬喻，ii ＝ 長老尼譬喻；標示章號與段落；緬甸文版）

BL.＝Buddhist Legends《佛教傳奇》（法句經注釋）

BPS＝Buddhist Publication Society佛教出版協會（康堤，斯里蘭卡）

Comy.＝Commentary註釋

Dhp.＝Dhammapada《法句經》（標示偈頌號）

DN＝Dīgha Nikāya《長部》（標示經號）

Jāt.＝ Jātaka《本生經》（標示號碼）

Mil.＝Milindapañha《彌蘭陀王問經》

MN＝Majjhima Nikāya《中部》（標示經號）

PTS＝Pali Text Society巴利佛典協會（牛津，英國）

Pv.＝Petavatthu《餓鬼事經》

SN＝Saṃutta Nikāya《雜部》（標示章號與經號）

Snp.＝Suttanipāta《經集》（標示偈頌號或經號）

Thag.＝Theragāthā《長老偈》（標示偈頌號）

Thig.＝Therīgāthā《長老尼偈》（標示偈頌號）

Ud.＝Udāna《自說經》（標示章號與經號）

Vin.＝Vinaya《律部》（標示卷號與頁數）

Vism.＝Visuddhimagga《清淨道論》
　　　　（The Path of Purification的章號與段落）

Vv.＝Vimānavatthu《天宮事經》（標示偈頌號）

除非特別指出，否則本書所有參考資料皆依巴利佛典協會的版本爲準。

尋找傳說的源頭

奚淞

閱讀早期佛典，不時吉光片羽閃現，令人有瞥見古代佛陀僧團的驚喜。見佛陀善巧的教導，使弟子順應個人不同因緣和個性契入法教，對後世學佛者如我，是最具啟發性的。

羅睺羅求法

在此舉《雜阿含經》二○二經紀事為例：

地點在舍衛國祇樹給孤獨園。

那天，比丘羅睺羅往詣佛陀。

羅睺羅向佛行禮，退坐一旁道：「世尊！請為我講說高深的法。如是我將擇一靜處，專精修行，證得阿羅漢果。」

在經文中，羅睺羅急欲成就的阿羅漢境界，是以「自知自證：我生已盡、梵行已立、所作已作，自知不受後有」的慧解脫標準語句道出的。

面對他年輕、充滿期盼的容顏，同時也是在教導自己披著僧服的獨子，佛陀笑了，心想：這孩子對解脫的知見還沒有成

熟啊！

「我曾多次宣說過『五蘊』原理，」佛陀說：「現有一批新進比丘，你且準備一下，去向他們詳細解說『五蘊』。至於你想聽更深奧的法，以後再告訴你。」

羅睺羅惘惘然領命去了。隔數日，為人演說完「五蘊」的羅睺羅，又來拜謁佛陀，要求「更深奧的法」。

佛陀依然是那樣慈和地微笑著的吧！他說：「別急、別急，你且先去向他們演說『六入處』，說完再來。」

在佛法分析中，「五蘊」——色、受、想、行、識，總括了身心世界，是存在的基本元素。而「六入處」則屬於另一組不同的分析法，包含「六內入處」（六根——眼、耳、鼻、舌、身、意）與「六外入處」（六塵——色、聲、香、味、觸、法），是認識上的基本元素。羅睺羅依佛陀指派，又去向大眾解說「六入處」了。

還是急著想成就阿羅漢，第三回，羅睺羅又來求法。這次，佛陀派他去講說「因緣法」，詳細分析五蘊與六處如何相因、相緣，而衍生出無止盡身心事件相續之流的原理。

說完「因緣法」的羅睺羅，顯得沉靜，若有所思。他前來拜謁佛陀，只聽得佛陀淡淡指示：「你不是一直想安靜獨自修行嗎？去吧，去把你先前講說的法義好好想一想吧！」

在祇樹給孤獨園林蔭深處的精舍裡，羅睺羅沉浸於思惟禪修

多日。此後的他，不再急證阿羅漢果，再次見到佛陀，也不要求「更深奧的法」了。

帶著無比的恭敬和喜悅，他向世尊說：「我想了又想，奇妙啊，原來世尊所經常宣說的五蘊、六入處及因緣法，正巧妙地解析了法的核心。有了這種理解，再隨觀當下身心變化的實況，時時刻刻都足以順趣流向涅槃啊！」

羅睺羅的心智終於成熟了。佛陀欣慰地端詳兩眼閃光的羅睺羅。這孩子，自十五歲由舍利弗剃度，成為僧團中最稚幼的沙彌。經多年提攜教導，從活潑少年成長為持戒精嚴的比丘。一位比丘若能謹言慎行、善守根門，再加上對「法」正確無誤的知見，就足以步上修行的坦途了。

在《雜阿含經》二○二經的末尾，佛陀教導羅睺羅的話語重心長：「羅睺羅，努力修行吧！要知道，一切都是無常的……」是啊！生命確實一直是在無常而不圓滿（苦）的狀態下運作的。試觀五蘊，其中又何嘗有位置得以安頓一個恆常不變的「我」呢？如果修行人能不急躁、不怠惰，時時刻刻隨順六根與六塵的觸、受變化，當下現觀無常、苦、無我，把無明與貪愛一分分看透、放下，也就一步步證得寂靜、清涼，可以直抵涅槃了。

羅睺羅日後證得阿羅漢果，在佛陀身旁眾聖弟子間，得「密行第一」的美稱。在早期佛典中，相關他的記載零星微少，

卻也令我們窺見修行佛法的核心。

距離佛典原始集結，兩千五百年過去了。

難能可貴的，畢竟在佛滅後的早期經典如《阿含經》、《法句經》、《長老偈》、《長老尼偈》、《經集》等佛典中，留下不少能確實呈現原始佛教法義、佛陀與聖弟子言行，乃至於當時社會環境及思想潮流的紀錄，乃至於佛陀僧團教學的紀錄。這些樸實而耐人尋味的片斷，其珍貴性可以用中國儒學經典《論語》相比擬。在不重史實的印度文化中，佛陀及其聖弟子率先走出神話的迷霧，其人間性非常鮮明。

不要信以為真

然而，反觀佛教發源的母土，這片啟始於自然神崇拜，孕育出堆金砌玉《摩訶婆羅多》、《羅摩衍那》長篇神話史詩的文化地區人民，一向習慣於以神話覆蓋歷史、藉寓言象徵事實。佛陀的教化及偕同聖弟子的遊化行跡，自一開始，便無可避免地在人民口耳相傳中產生差誤，或被包裹入一重重的華麗傳奇色彩中。

傳奇故事，自有其芬芳以及價值。但對後世的學佛人而言，如何理解傳奇深層的本質，而不誤執其表象，就成為重大課題了。

對於立願修行學佛而不免陷入種種紛紜傳說的人，佛陀曾提出極精警的指導。這些話語，在南傳《羯臘摩經》中，以反覆疊句呈現：

一、不可因他人的口傳，就信以爲眞。

二、不可因奉行傳統，就信以爲眞。

三、不可因是正在流傳的消息，就信以爲眞。

四、不可因是宗教經典、書本，就信以爲眞。

五、不可因根據邏輯，就信以爲眞。

六、不可因根據哲理，就信以爲眞。

七、不可因符合常識、外在推測，就信以爲眞。

八、不可因符合一己預設、見解、觀念，就信以爲眞。

九、不可因演說者的威信，就信以爲眞

十、不可因他是導師，就信以爲眞。

《羯臘摩經》語出驚人。乍見此經，彷彿否定了一切；再加探究，乃知它並非教人不聽、不看、不想，甚至不接受老師，而是教人面對一切概念都要有親身實證的精神。

經中說「不信以爲真」，並不代表此事爲假；但佛法修行的重心不在信，而在於親身當下的現觀和執行。有了如實現觀，「法」的真偽也就可以明辨了。即如前述《雜阿含經》羅睺羅

求法的故事中，佛陀並不以威信、導師的身分，或藉哲理推演來懾服羅睺羅，而是助成他依法現觀的心靈悟覺。這就是立定佛法修行的腳跟了。

與古聖人同行

高興得悉橡樹林文化將推出巴利佛典【佛陀的聖弟子傳】系列。此書根據巴利語佛典文獻，由德裔比丘、錫蘭國寶級的佛教大師向智長老領導編寫，從中可以看到相關佛陀及聖弟子行跡的早期傳述風貌。在追溯佛教源頭和原點的意義上，此書提供了很大的助力。

記得德國哲學家雅斯培曾經在他的《四大聖哲》著作中說：相對於宇宙廣袤的時空，人類的兩三千年的時間算得了什麼，不過是一眨眼，就像是昨天而已。只要我們願意，就可以回到古聖人的身邊，與他們一同散步，並聆聽他們所說的言語……

但願這套巴利佛典【佛陀的聖弟子傳】系列，能提供我們如此珍貴的經驗。

活出佛法的聖弟子

楊郁文

佛陀是眾生的老師

釋迦牟尼佛陀是歷史上存在的人物，公開宣言：「我今亦是人數，父名真淨，母名摩耶。」愜是無師自覺者，又是具備覺他以及覺行圓滿者；具足無量功德而以十號——如來、應供、等正覺、明行足、善逝、世間解、無上士調御丈夫、天人師、佛、世尊——介紹自己，使人認識愜。

其中，「如來」、「無上調御丈夫」、「天人師」等三名號，表達佛陀冀望與眾生之間是以師生、師徒的關係互動。「如來」——「如」過去諸佛在人間成佛，「來」教導人、天三十七菩提分成佛的方法；「無上調御丈夫」——應該被調御的所有有情，佛陀是「最高明的調教者」；「等正覺者」是指「人天師範」。

根據南傳上座部的說法，佛陀歷經四大阿僧祇又十萬劫修習十波羅蜜多，最後一生在沒有佛法流傳的環境，無師自覺完成佛道。佛陀的大弟子們也都有一大阿僧祇又十萬劫的久遠

時間，親近諸佛修習十波羅蜜多，特別與釋尊前世以種種身分交遊往來，並曾發願受教成為佛陀座前某一特殊才能的「第一」弟子，甚至發願成為佛陀的一雙上首弟子，如尊者舍利弗與尊者目犍連。

佛陀覺悟阿耨多羅三藐三菩提(anuttara sammāsambodhi)，成為阿耨多羅三藐三佛陀（無上正等正覺者），「三菩提」(sambodhi)是自受用，用以究竟解脫有情自己的惑、業、苦；「阿耨多羅三藐三菩提」是利他，用以教化他人成就「三菩提」，即人人以己力究竟解脫有情自己的惑、業、苦。佛陀的聖弟子們，接受佛陀的教導，因此才得以完成「三菩提」，自作證究竟涅槃。

如實知佛陀的「十號」的法說（總說）與義說（分別解釋），必定產生正見、正志、正行，見聖思齊，發願成佛。經歷親近善士、聽聞正法、內正思惟、法次法向四預流支，獲得聞、思、修、證，乃至具足信、解、行、證的法門。首先，由於念佛、念法、念僧而了解佛、法、僧三寶的功德，法眼淨而見法、見道，並成就「四不壞淨」——於佛、法、僧、戒信根不壞。之後，開發信、進、念、定、慧五出世根，仍然需要佛陀及聖弟子們的指導，依法奉行，修習、多修習，乃至圓滿佛道。

經典中的聖弟子

正法由佛說出，藉聖弟子們向四方傳播、向後代傳承；弟子們應用佛陀的教授、教誡，實際在日常生活的改過遷善、宗教生活離染趣淨，如此活用佛法，佛法才有生命，正法就能長存人間。

聖弟子活出佛法，自己體驗佛法的實用性與有效性；以身、口、意作三示導，傳播佛法於他人，以自己的成就回報佛陀的教導，印證佛陀是有情界最偉大的教師，值得眾生親近的究竟善士。聖弟子們具足佛德，尚須三大阿僧祇劫的時空歷練，可是現前既成的品德已足以引人羨慕，作為他人效法的模範。因此，佛陀適時介紹種種「第一」聖弟子於大眾。結集經典的大德紀錄如下：

《增支部》：

〈是第一品〉比丘（42位 46種特質第一比丘）

比丘尼（13位 13種特質第一比丘尼）

優婆塞（11位 10種特質第一清信士）

優婆夷（10位 10種特質第一清信女）

（見 AN i.p.23-26）

《增一阿含》：

〈弟子品〉第四，第一至第十經（91位 100種特質第一比丘）

〈比丘尼品〉第五，第一至第五經（52位 52種特質第一比丘尼）

〈清信士品〉第六，第一至第四經（40位 41種特質第一清信士）

〈清信女品〉第七，第一至第三經（30位 31種特質第一清信女）

（見《大正藏》卷二，頁557, a18~560, c1）

《佛說阿羅漢具德經》：

比丘（99位某特質第一比丘）

（見《大正藏》卷二，頁831a-833a）

關於本書的編輯

本書三位作者（向智長老、海克博士、菩提比丘）從《增支部·是第一品》選擇十七位「第一」弟子：舍利弗尊者（以下尊稱省略）、大目犍連、大迦葉、阿難、阿那律、大迦旃延、毘舍佉、讖摩、跋陀軍陀羅拘夷薩、翅舍瞿曇彌、難陀、沙摩婆提、波吒左囉、諾酤羅長者父、諾酤羅長者母、給孤獨、質多長者。

最後還有八位雖然不隸屬於「是第一」弟子，其傳奇經歷，對後代四眾弟子也極富教育性。那就是摩利迦（從《中部》、《相應部》、《增支部》、《律藏》中選出）、師利摩與鬱多羅（從《法句經註》中選出）、央掘摩羅（從《長老偈》、《律藏》中選出）、質多比丘（從《增支部》、《長部》中選出），還有

主要從《長老尼偈》中選出的菴婆波利、伊師達悉、輸那。三位合作者的背景資料，參見「作者簡介」、「各冊文章的原作出處」。

二十五位偉大的四眾弟子生動的描述，採用海克博士十八本傳略，幾乎所有海克博士的文章都被向智長老大規模地擴充，新增的內容皆援引自巴利藏經與其註疏，並以他的洞見思惟來深化它們。

在從原來的小冊要結集成這本合輯的準備過程中，菩提比丘對所有的舊版幾乎都做了一些實質的修改，並再增加更多材料，以便能更進一步看到這些弟子們的全貌。菩提比丘幾乎重新翻譯所有的偈頌，為了行文更為可信，並增加更多的偈頌。除非特別標示，否則所有偈頌都是由菩提比丘所翻譯。

讀者應該仔細閱讀菩提比丘的「前言」：了解佛教三寶，認識佛、法、僧三寶的內在關聯性。「導論」中，有關佛教師徒關係的確立，以及一般凡夫弟子與聖弟子的差異，並不在外表形式與生活型態，更需要精讀。透過本書，各位主角人物在生活中如何與「法」相應，而顯露出內在心靈超凡的一面，正是讀者需要細心體會之處。

本書不刻意文藻修飾，但求忠實地根據經藏、律藏、《本生經》、《譬喻經》、《長老偈》、《長老尼偈》與註釋書中記載的內容，將每位聖弟子生活的過程，按資料推測時間點，而連

結成連續的劇情,增加可讀性(如本系列第一冊〈佛法大將:舍利弗〉第一章的註(1)→註(2)→註(3)……)本書除原來的內容引人入勝之外,採用資料出處明瞭、註解內容詳實,中譯者的夾註、補註、按語,亦甚為可貴。

本書中譯本的出版,不但在佛教界,給予信眾注入隨念佛、法、僧三寶的養分,乃至為學術界,增添了許多研究佛陀、佛法、賢聖僧伽難得的第一手、第二手資料。為了貢獻本文,筆者使用旬餘時間精讀一回,按照所提供的南傳佛教資料,對讀北傳佛教資料,間亦參閱巴利語原典,受益良多。即以隨喜功德的心情,推薦人人必須研讀的這套巴利佛典【佛陀的聖弟子傳】系列四冊絕妙好書!

中華佛學研究所 專任研究員

楊郁文

寫於阿含學園 2004/11/8

《佛陀的聖弟子傳》中文版出版緣起

二千五百多年了，佛教在世界各地開枝散葉，與各地域風俗融合，產生了多元的面貌。但佛陀當時的教導是什麼？弟子們如何在佛陀的教導下解脫煩惱，開悟聖道，永遠是每位有心踏上學佛之路的人想一探究竟的。《佛陀的聖弟子傳》所說的即是二十五位真實存在於歷史上的佛陀弟子，經由佛陀的教導而悟道的故事。

本書譯自二十世紀重量級的佛教思想家——德藉斯里蘭卡高僧向智長老(Nyanaponika Thera)與德國重要的佛教作家——何慕斯・海克(Hellmuth Hecker)合著，菩提比丘(Bhikkhu Bodhi)編輯的《佛陀的偉大弟子——他們的生活、作品與遺產》(*Great Disciples of the Buddha: Their Lives, Their Works, Their Legacy*)一書。不同於一般佛教傳記根據漢譯經典或傳說故事撰寫，本書內容均援引自南傳上座部佛教的巴利佛典、論書與註釋書，詳實而生動地記錄了聖弟子們的修行生活片段與悟道的特色、開悟的關鍵，以及佛陀智慧的教導。而引自《本生經》的故事，則提供了另一種訊息——聖弟子在過去生的發願與修行，以及對此生的影響。其中最特別的是，本書

引用了許多《長老偈》與《長老尼偈》中的詩偈，這些詩偈都是聖弟子親口所說的自身經歷以及感受，使人彷彿親聽聖者的心靈之音。

本書的內容豐富龐大，共介紹了二十五位弟子，除了波斯匿王的皇后摩利迦並未證果之外，其他二十四位都是證得初果以上的聖弟子。為了凸顯故事的主體人物，同時也減輕讀者的閱讀壓力，我們將本書的內容編譯成四冊發行：

第一冊《佛法大將舍利弗・神通大師目犍連》：記錄佛陀的雙賢弟子舍利弗、目犍連。

第二冊《僧伽之父大迦葉・佛法司庫阿難》：敘述的是大迦葉、阿難這兩位佛陀教法的傳承者。

第三冊《天眼第一阿那律・論議第一迦旃延》：記錄「天眼第一」的阿那律與「論議第一」的迦旃延。此外，還收錄了央掘摩羅、質多兩位比丘的傳記。

第四冊《佛陀的女弟子與在家弟子》：第一部分是佛陀女弟子們的故事，包括：毘舍佉、摩利迦、讖摩、跋陀軍陀羅拘夷薩、翅舍瞿曇彌、輸那、難陀、沙摩婆提、波吒左囉、菴婆波利、師利摩、鬱多羅、伊師達悉等，共有十三位女弟子。

第二部分是佛陀在家弟子的故事，包括：給孤獨長者、質多長者、諾酤羅長者父、諾酤羅長者母等，共有四位在家弟子。關於這部分的資料流傳很少，尤其是佛陀女弟子的事

蹟，更是鮮為人知，因此顯得相當珍貴。

透過巴利佛典的紀錄，本書呈現了較為接近歷史與人性的原貌，讓我們一窺從凡夫蛻變為聖者，內心是經歷怎樣的轉化；悟道後的他們，又如何面對生、老、病、死等現實的人生歷程。閱讀這些早期佛教成就者鮮活的傳記，有助於提升我們心靈的洞見，擴大修行的視野，也為現代的修行者點燃一盞明燈，照亮修行的前路。

典範不遠，你也可以成為這樣的聖者。

《佛陀的聖弟子傳》英文版的結集

菩提比丘

近年來，西方書海中出現的幾乎都是佛陀以及其教法的相關書籍，那也就是佛教三寶中的前二寶，關於第三寶——僧伽(Sangha)的書籍則相當不足。即使對於「僧伽」一詞的意義也有爭議，那些並未從巴利原典入手的人，對於佛陀原始核心弟子的認識仍然懵懵懂懂。這個落差之所以愈發明顯，是因為佛陀做為心靈導師的成功程度，完全取決於他訓練弟子的技巧。

經典中為禮敬佛陀而稱他為「無上士調御丈夫」①，要檢驗這句話的真實度，就必須去看他所指導的男女弟子的氣度。就如太陽的價值，不只在它本身的光明，同時也在它照亮世間的能力一樣。因此，佛陀做為心靈導師的光輝，不只是取決於他教法的清晰度，更是在他能啟發前來求皈依者與因材施教。缺少弟子團體見證它轉化的力量，「法」(Dhamma)將只是學說與嚴謹修持的包裹，徒有令人欽佩的清晰與精確的理智，但都與活生生的人無關。「法」只有在接觸生命，提升它的追隨者，將他們轉化為智慧、慈悲與清淨的典範時，

「法」才會有生命。

佛陀的聖弟子傳英文版即是嘗試以對佛陀最卓越的二十四位
②弟子生動的描繪,來填補西方佛教文獻這方面的不足。本
書是從一系列偉大弟子的單獨小冊演變而來,由佛教出版協
會(Buddhist Publication Society,簡稱BPS),以它著名的《法輪
叢刊》(*The Wheel*)標誌發行。第一本出現的傳記是令人尊敬
的向智(Nyanaponika)長老所寫的《舍利弗傳》(*The Life of
Sāriputta*),於一九六六年以獨立刊物首次出版,那時並未想
到要發展成一個系列。

然而,在同一年,德國佛教作家何慕斯·海克(Hellmuth
Hecker)開始在德國的佛教期刊《知識與改變》〔*Wissen und
Wandel*,由保羅·戴比斯(Paul Debes)於一九五五年創辦〕
上,出版偉大弟子的略傳。在接下來的二十年裡,《知識與
改變》共刊行了四十一篇略傳,其中,許多篇的篇幅都非常
簡短。

在七○年代晚期,向智長老有了構想,然後佛教出版協會的
編輯,便延續他有關舍利弗的研究,以海克博士的文章為基
礎,在《法輪叢刊》系列上展開其他的偉大弟子傳。因此,
在一九七九至一九八九年間,以單獨《法輪叢刊》小冊的方
式,出現了目犍連、阿難、央掘摩羅、給孤獨、大迦葉與阿
那律,以及八位重要女弟子的略傳。它們都由向智長老或由

他請託的其他人翻譯成英文。最後，在一九九五年，我寫了一本大迦旃延長老的小冊，那是這個系列最晚出現的。（編按：各篇原作出處請見第203-204頁【附錄】。）

幾乎所有海克博士原來的文章，都被向智長老大規模地擴充，新增的內容皆援引自巴利藏經與其註疏，並以他的洞見思惟來深化它們。在從原來的小冊要結集成這本合輯的準備過程中，我對所有的舊版幾乎都做了一些實質修改，並再增加更多材料，以便能更進一步地看到這個弟子的全貌。

在女弟子這一章，又新增了原來《法輪叢刊》系列所無的四個人物，然而相對於先前對男弟子的研究，在處理個別的女弟子時，因為原始資料的缺乏，而無法有相同的篇幅。此外，在風格上，也有必要對原來的略傳做徹底的改寫。

我幾乎重新翻譯了所有的偈頌，因為在《法輪叢刊》小冊中經常都引用較早的翻譯，現代讀者恐怕難以接受那種高不可攀的風格。為了讓行文更為可信，我加入更多的偈頌，大都引自《長老偈》(*Theragāthā*)與《長老尼偈》(*Therīgāthā*)。除非特別標示，否則所有偈頌都是由我所譯，但這兩本合集的很多名相翻譯，我都是參考諾曼(K.R. Norman)的長行直譯，請見由他所出版的《長老偈》(*Elders' Verses*)第一部以及第二部。

我要感謝在佛教出版協會裡，我的長期助理──祥智尼師

(Ayyā Nyanasirī)，她先整理《法輪叢刊》小冊，以便日後重新以單書發行。我也要感謝舍衛尸利・月寶女士(Mrs. Savithri Chandraratne)，她勤快而精確地將原稿輸入電腦。我很感謝智慧出版社(Wisdom Publications)合作出版此書，尤其是莎拉・邁肯琳特克(Sara McClintock)，她的編輯意見提供了很大的幫助。

譯註

① 無上士調御丈夫：佛陀的十種德號之一。「調御」意指調伏，「無上士調御丈夫」便是指佛陀是能調伏丈夫（男子）的無上調御士，使那些受調御者能發心修行。

② 原書總計提到二十五位弟子，菩提比丘在本文中說原書介紹十二位傑出女弟子，其實是十三位，所以共有二十五位弟子。

從經典中憶念佛陀的聖弟子

菩提比丘

身為一個宗教的創立者，佛陀並未自稱天啟先知、救世主或神的化身。在他的教法架構裡，他的特殊角色是老師，揭示究竟解脫唯一道路的「無上師」。依照巴利藏經所呈現，在佛法最早的形式中，佛陀弟子所覺悟的與佛陀本人達到的目標，在基本上並無不同，兩者的目標都相同——心究竟解脫一切束縛與生死輪迴的涅槃。

佛陀與弟子之間的差別

佛陀與弟子之間的差別是：（一）成就的先後；（二）達到覺悟的過程中所具有的個人特質。

成就的先後

就先後順序而言，佛陀是涅槃之道的發現者，他的弟子則是在其指導下證果的實踐者：

比丘們！如來是從前未曾被發現道路的發現者，是從前未曾建造道路的建造者，是從前未曾被揭露道路的揭露者；他是認識這條道路者，是找到這條道路者，是精通這條道路者。如今，他的弟子們在他之後安住此道，成為擁有它者。比丘們！這就是如來、阿羅漢、正等正覺者，與由智慧而解脫的比丘之間的差別。(SN 22:58)

個人的特質

就個人特質而言，佛陀身為教說的創設者，擁有許多與弟子不共的適宜的技巧與各類知識。這些認知的能力不只包括某些神變力，同時也包含對許多存在地之世界結構無礙的了解，以及對眾生各種習性透徹的了解。❶在佛陀完成他的重要使命，即在世間建立廣大教說，並指導無數眾生離苦得樂時，這種能力是有其必要的。

當佛陀在「轉法輪」①時，他的目標就是領導眾生到達涅槃，他的教法結構本身，便預設了介於他自己與聆聽開示者之間的師生關係。佛陀是完全覺悟的老師，他的教說是進行特殊訓練的課程，那些符合弟子身分要求的人，藉由遵循他的教論與勸誡而完成訓練。即使當佛陀臨終躺在拘尸那羅雙娑羅樹間的病床上時，他也說外在的禮拜並非真正的禮敬如來，只有持續與專注地修行佛法才是。(DN 16)

皈依三寶，成為佛陀的聲聞弟子

佛陀弟子的課程從「信」開始，對佛教來說，「信」並非毫不懷疑地同意無法驗證的主張，而是準備好去接受，相信佛陀的聲明：他是完全覺悟者，已覺悟眾生存在本質中最深奧、最重要的實相，並能指出到達最後目標的道路。在佛陀的覺悟中，「信」的定位是藉由「皈依」佛教的「三寶」而彰顯：將「佛」視為個人的良師與心靈的指導；將「法」視為存在實相最完美的表述與無瑕的解脫之道；將「聖僧」視為智慧與心清淨的共同化身。

「信」必然會帶來行動，從事修行，具體地說，就是在生活中實踐佛陀為他的追隨者所制定的準則。這些準則視弟子的情況與態度，而有很大的差異，某些準則更適合在家眾，某些則較適合出家眾，弟子的工作，就是在它們之間做出正確的選擇。

但這一切源自不同出發點的準則，最後皆匯歸於一條道路——普遍而唯一，正確無誤地趨入最後的目標。此即滅苦之道的八聖道，它以三學為體：戒（正語、正業與正命）、定（正精進、正念與正定）、慧（正見與正思惟）。

那些接受佛陀為老師，並試著遵循他的道路者，皆是他的聲聞弟子。佛教弟子的種類依慣例劃分，分為出家與在家二

眾，因此傳統上有「四眾」之說：比丘與比丘尼、優婆塞與優婆夷（在家男、女信眾）。雖然，以後的大乘經典似乎將聲聞與菩薩相比，而說成另一類較遜的弟子。

但早期佛教經典中，並無這類區分，而是廣泛以「聲聞」來指稱那些接納佛陀為師的人。此字是從使役動詞 sāveti（告知、宣稱）演變而來，意指那些宣稱佛陀為他們的導師者（或那些宣稱皈依佛法者）。在早期經典中，「聲聞」不僅專指佛陀的弟子，它同時也運用在其他信仰系統的追隨者上，他們有各自的導師。

一般弟子與聖弟子的區別

在佛陀廣大的弟子圈中有個重要的差別，他們被區分成兩類：一般弟子與聖弟子。這個差別不在於外在形式與生活型態，而在於內在心靈的層次。若我們從整個佛教傳統下的世界觀，或組成本書的傳記結構來看，這個差別會更加清楚。

佛教的世界觀──三界、輪迴、業

佛教經典編輯者所信受的世界觀，和現代科學告訴我們的差異甚大，它是由三個基本而相關的公理所構成。

第一，有情的宇宙是個多層次的巨構，有三個主要的「界」，

各個界又有許多附屬的「地」。最粗的一層是「欲界」，由十一個地組成：地獄、畜生道、餓鬼道、人道、阿修羅道與六欲天（譯按：四王天、帝釋天、夜摩天、兜率天、化樂天、他化自在天），其中只有人道與畜生道是我們自然感官功能可以感受到的。

在欲界之上是「色界」，那是與禪定相應的十六個向上遞升的較高的地，在此較粗的色法消失，眾生可享受比人間更高的喜悅、平靜與力量。最後，在佛教宇宙的頂端是「無色界」，四個與無色禪相應的極微妙的地，在此色法完全消失，住於此地者都只由心識構成。❷

第二個公理是轉世。佛教主張一切未覺悟的眾生——尚未斷除無明與渴愛者，都會被困在三界之內流轉。從無始以來，轉生即受到無明與渴愛的驅策，牽引意識流在一個反覆、持續不斷的過程中，從死亡到新生。這個不間斷的生死相續即稱為「輪迴」。

第三個公理是決定轉世領域的原則，即佛陀所謂的「業」，特殊意志下的行為。根據佛陀的說法，我們所有的善、惡業行都受制於無可逃避的報應法則。我們的行為會在進行的意識流中，留下造成異熟(vipāka)②的潛能——當累積的業遇到相應的因緣時，便會產生果報。

「業」不只決定人會投生到特定的地，同時也決定我們固有的

能力、習性與生命的基本方向。「業」運作的模式是道德上的：惡業——貪、瞋、痴所推動的行為，會帶來不好的轉世並造成痛苦；善業——布施、慈悲與智慧所推動的行為，則會帶來好的轉世與幸福快樂。❸

因為輪迴裡的一切經驗都是無常與苦的，所以早期佛教的終極目標，是從這個自生的循環中跳脫出來，達到無為的狀態——涅槃，在此不再有生、老與死。這是佛陀本人所達到的目標，是他自己神聖探索的頂點，也是他一直為弟子設定的目標。

凡夫弟子於世間生死輪迴

兩種弟子間的差別就在於他們與此目標的關係。一般的弟子就是凡夫或異生(puthujjana)③，人數要遠遠超過聖弟子。

這種弟子也許真誠皈依三寶，並完全投入「法」的修行，但不論他們的努力如何，就是還未達到不退轉的程度。他們尚未親自見法，尚未斷除內心的結縛，也還未進入永不退轉的究竟解脫之道。

他們目前的修行模式是在性格上作好準備：希望把心的功能導向成熟，在適當的情況下，便可進入出世間道。除非他們生起那種經驗，否則便得在輪迴中轉世——不確定地漂泊，還會犯戒，甚至轉生惡道。

聖弟子出離世間不退轉

相對應於一般弟子的是聖弟子❹，這些弟子凌駕於凡夫之上，已達到不退轉的程度，七世之內一定能達到最終的目標。支持他們從凡夫到聖者的，是內在的徹底轉化，這轉化可以從認知的與心理的兩個互補的角度來看。

經典指出認知的觀點是「得法眼」(dhammacakkhu-paṭilābha)④與「法現觀」(dhammābhisamaya)。❺這樣的事件，永遠改變人的命運，通常發生在弟子圓滿前行，並著手修觀時。在某一點，當洞見深入現象的本質時，會使慧根的成熟，當一切因緣具足時，無明的迷霧瞬間消散，讓弟子得以窺見無為界，即整個解脫過程的先決條件與最後一項——無死涅槃。

當這個洞見生起時，這個弟子便成為佛陀法音的真正傳人。經典中稱這樣的弟子為：

> 已見法者、得法者、知法者、已深入法者、已度疑者、已離惑者、已得無所畏者、於師教不依他者。(MN 74)

雖然這洞見可能仍然模糊、不圓滿，但這弟子已見到究竟實相，接下來只是時間早晚的問題，在精進修行之下，他或她終會將這個洞見帶往正覺，完全體證四聖諦。

弟子進行轉化的另一面是心理狀況，即永久斷除某些被稱為

「煩惱」的不善心所。為了便於闡述，煩惱通常被區分成十種結縛，之所以如此稱呼，是因為它們將眾生困在生死輪迴中。從經典看來，在某些特例中，一個前世便擁有高度智慧者可以立即斬斷十結，從凡夫一躍成為完全解脫的阿羅漢。

四雙八輩的聖僧伽

不過，更典型的成就過程是，在四種不同的覺醒時機，按類相繼斷除十結，這是標準的作法。當圓滿現觀與斷除結縛時，結果產生四個階段的聖弟子，每個主要的階段又可再細分成兩種階段：「道」的階段，即當弟子正為除去特別成串的結縛而修行時；以及「果」的階段，即當完全地突破且斷除結縛時。這便是聖僧伽的古典分類法──四雙八輩。

入流──斷除身見、疑見、戒禁取見

覺悟的第一階段稱為「入流」（sotāpatti，須陀洹），因為有了這成就，弟子才有資格被說成是進入「法流」(dhammasota)，即趨入涅槃的八聖道，永不退轉。

「入流」是由初次生起法見所產生，特色是斷除最粗的三結：（一）身見，即眾生於五蘊等法中，妄計有個實體的「我」；（二）疑見，即懷疑佛陀與他的教法；（三）戒禁取見，相信

只有外在的儀式（包括宗教儀式與苦行主義的苦修形式）能
帶來解脫。

斷除這三結後，入流者便不會再轉生地獄、餓鬼與畜生道等
三惡道。這種人頂多在人間或天界轉世七次，便能確定達到
究竟解脫。

一來──減弱貪、瞋、痴

下一個重要的覺悟階段是「一來」(sakadāgāmi)，只要在人間
或欲界天轉世一次，便可在那裡達到究竟目標。

「一來」除了已斷除的三結之外，並未再斷除任何結縛，但它
減弱了三根本煩惱──貪、瞋、痴，它們只是偶爾生起，並
且程度都很微弱。

不還──斷除欲貪與瞋恚

第三個階段是「不還」(anāgāmi)，又斷除第四與第五分結的
兩個根本煩惱──欲貪與瞋恚，移除它們各種的，甚至最微
細的偽裝。因為這兩結是將眾生困在欲界的主要結使，顧名
思義，「不還者」就是永遠不會再返回此界。

此外，這種人會自然轉生在崇高的色界天之一的淨居天，只
有不還者能到達這裡，並在此達到究竟涅槃，無須再回到這
個世界。

阿羅漢──斷除色貪、無色貪、慢、掉舉、無明

第四也是最後的聖弟子階段是「阿羅漢」(arahatta)，他斷除了「不還者」殘留在「不還」中未斷的五上分結：色貪、無色貪、慢、掉舉、無明。由於無明是一切煩惱中最根深蒂固的，當阿羅漢完全覺悟四聖諦時，無明與其他所有殘存的煩惱便一起瓦解。心接著進入「諸漏已盡，得無漏心解脫、慧解脫」──佛陀稱此狀態為「梵行的無上成就」。

阿羅漢是早期佛教圓滿成就的弟子，整個佛教團體完美的典型。當談到佛陀的解脫，即使是佛陀本人，也被描述為是位阿羅漢，他宣稱阿羅漢斷除的煩惱與他是相同的。對阿羅漢來說，既無更進一步的目標要達成，也不會從已達成的目標上退轉。他或她已完成聖道的開展，已完全覺悟存在的本質，並斷除內心一切的結使。

阿羅漢的餘生便是以一顆清淨安穩的心，安住在寂靜中，在涅槃的體證上。然後，隨著身體的敗壞與壽命的結束，他或她便結束整個輪迴的過程。對阿羅漢來說，死亡並非與別人一樣，是通往另一個新生的入口，而是通往無為狀態本身──「無餘涅槃界」(anupādisesa-nibbānadhātu)的大門。這是佛陀教法所指出的，是真正苦的滅盡，以及無始生死輪迴的終結。

過去與現在諸佛點燃正法之光

一般都認為，在早期佛教中只承認一佛——喬達摩·釋迦牟尼佛，多佛的概念是屬於大乘佛教崛起前佛教思想階段的新看法。現存最古老完整的有關佛教初期的資料來源——巴利藏經，顛覆了這個假設。

發現涅槃之道

經典中時常提到身為喬達摩前輩的六位古佛，並且在一部經(DN 14)中，佛陀對他們的生平還做了詳盡的介紹。在其他地方，他預言了一位名為「彌勒」(Metteyya)的未來佛出世，他會在一個心靈黑暗的時代，重新點燃正法之光(DN 26)。

在上座部較晚的文獻中，過去佛的數目增加到二十七位，在這些佛當中第二十四位燃燈(Dīpaṅkara)佛的座下，有個人被預言會在未來成佛，他就是喬達摩佛陀。❻

在歷史與宇宙的過程裡，每位佛陀的特殊作用是去重新發現與宣告被遺忘的涅槃之道。對於佛教來說，歷史不是從創世紀到啟示錄的直線呈現，它是在宇宙過程較廣的循環裡，相互套疊的反覆生滅循環中發展。世界系統生、住、異、滅，被從古老灰燼中生起的新世界系統所取代。在這樣的背景下，於無盡的時空中，眾生在三界中輾轉輪迴。

輪迴內的一切存在皆承受痛苦：它是短暫、不穩定與無實體的，從痛苦的出生開始，且在老、病、死的痛苦中結束。不過，每隔一段時間，從輪迴的黑暗迷宮中，便會出現一個人——總是在人間——他解開維繫這個束縛過程的紛亂因緣，藉由他自己的獨立智慧，發現被遺忘的涅槃之道——圓滿、平靜、解脫的無為法。這個人便是佛陀。

建立教團，指導佛法

佛陀不只重新發現涅槃之道，他還建立教說，給其他無數眾生學習佛法與實踐解脫道的機會。為了拉拔學道者，每位佛陀都建立僧伽——出家比丘與比丘尼的教團，他們出家而全心投入梵行或清淨的生活。每位佛陀都自由與公開地對比丘、比丘尼、優婆塞與優婆夷等四眾弟子教導佛法，為他們指出在輪迴裡向上提升的行為方針，以及解脫整個邪惡循環的道路。

即使對那些未達到初果的人來說，佛陀的出現仍然是件幸運的事，因為藉由皈依三寶，供養佛陀與僧伽，以及著手修行他的教法，眾生種下了最有潛力結成殊勝果實的福德種子。當種子成熟時，不只會帶領這些眾生轉生善趣，同時也會讓他們接觸未來佛，而能再度聽聞法音。當他們的諸根完全成熟時，便能現證解脫的道與果。

佛陀八十位大弟子

從隨侍的諸多聖弟子中，每位佛陀都會在某些特殊領域，指派幾個最卓越的弟子。

於特殊領域有成就的弟子們

首先，喬達摩佛陀在整個僧伽之首中，指派兩位比丘為「上首弟子」（aggasāvaka，或「聲聞中第一」），和他一起擔負指導比丘的責任，以及共統管理僧伽。兩者之中，一位是智慧第一，另一位則是神通第一。在現在佛喬達摩的教說中，這兩個職位由舍利弗(Sāriputta)及大目犍連(Mahāmoggallāna)兩位阿羅漢擔任。

此外，每位佛陀都會指派一名比丘擔任侍者，照顧他的所需，做為他和大眾之間的媒介，並隨侍他四處弘法。對我們的現在佛來說，這個職位是由阿難 (Ānanda)擔任，因為他負責保存佛陀的開示，所以他也以「佛法司庫」之名著稱。

這些最崇高與親近的職位，便說明了大弟子的範圍。在巴利藏《增支部》中，有〈是第一品〉(Etadaggavagga, AN 1; chap. 14)⑤，佛陀在其中創設八十個大弟子的類型：其中有四十七位比丘、十三位比丘尼、各十位優婆塞與優婆夷。在每個職位中指派一個最出色的弟子，不過在少數個案中，也有同一

個弟子在好幾個類型中勝出的。

例如，在諸比丘之中「妙音第一」的是：侏儒羅婆那跋提(Lakuṇṭaka Bhaddiya)；「能造自然而優美偈頌第一」的是鵬耆舍（VaṇgIsa，他同時也是「辯才第一」）；「信出家第一」的是羅吒婆羅(Raṭhapāla)等。

比丘尼是由兩名上首比丘尼領頭，讖摩（Khemā，意譯為「安隱」）是「智慧第一」；蓮華色(Uppalavaṇṇā)是「神通第一」。此外，波吒左囉(Paṭācārā)則是「持律第一」；「精進第一」的是輸那(Soṇā)；「宿命智第一」的是拔陀迦比羅(Bhaddā Kapilānī)等。

在家男眾之中「布施第一」是給孤獨(Anāthapiṇḍika)；「說法第一」的是質多(Citta)；「攝眾第一」的是呵多阿羅婆(Hatthaka Āḷavaka)等。在家女眾之中，「布施第一」是毘舍佉(Visākha)；「多聞第一」的是久壽多羅(Khujjuttarā)⑥；「慈心第一」的是沙摩婆提(Samāvatī)等。

巴利藏中，這些大弟子的篇章都非常精簡，只提到類型與在該領域最出色的弟子之名。關於這些被指派弟子的背景，必須到巴利語的註釋書，尤其是〈是第一品〉的註釋中去找尋。這些註釋的內容當然是出自比經典晚的時期，雖然它們充滿傳說與誇大的內容，在在都透露了它們晚出的事實，但它們卻也在晦而不明的歷史中，清楚說明了經中被指派弟子

心靈成長的過程。

發願與授記

每個故事的細節雖然不同，但卻符合相同的典型。即在從前某位佛陀的教化時期，他的某位支持者，看見他指定某個弟子在某種特殊領域最為卓越。這個信徒不是立即在那位佛陀座下證果，而是發願在未來某個佛的座下，達到那個被指派弟子的卓越成就。

為了宣誓，這個信徒對佛陀與他的僧伽做了豐盛的供養，頂禮大師雙足，然後宣佈他或她的決心。世尊接著便以神通力讓心直接進入未來，並看見這個誓願會在未來佛——喬達摩座下完成，因此他便授記這名弟子，他的願望將能實現。

舍利弗與目犍連這兩位大弟子，是在過去佛高見佛(Anomadassī)座下初發心，此佛是在喬達摩之前的第十八位佛。至於其他的大弟子，則是在過去第十五佛蓮華上佛(Padumuttara)的座下發願。

實踐十波羅蜜

在發願與得到授記後，發願成為大弟子者必須努力在餘生中，累積滿願所需的功德與知識。這需要十種「波羅蜜」（pāramī，意譯為「勝行」、「度」），即梵文佛教所對應的「波羅蜜

多」(pāramitā)。巴利原文共有十度：施、戒、出離、般若、精進、忍、真實、決意、慈、捨。❼

在大乘系統中，究竟佛果的候補者——菩薩，是以六波羅蜜多作為修行的核心，之後的上座部教法（以巴利註釋書為代表），則認為對於一切志求覺悟者，包括追求佛果、辟支佛果❽或阿羅漢果的弟子來說，它們都是必要的。

這三種覺者之間的差別，在於實踐波羅蜜的時間長短，以及圓滿它們的要求。究竟佛果的菩薩，需要修習波羅蜜至少四阿僧祇與十萬大劫，並且必須在初、中、後三種階位上圓滿它們。辟支佛果的菩薩需要修習波羅蜜兩阿僧祇與十萬大劫。對於弟子菩薩⑦的要求，則視最後覺悟的目標而異。那些決意成為上首弟子者，必須修行波羅蜜一阿僧祇與十萬大劫，大弟子菩薩則需十萬大劫，至於層次較低的阿羅漢果菩薩，則有相對應的較短時間。❾

這個說明，有助於我們了解一個往後在本書（編按：巴利佛典【佛陀的聖弟子傳】系列）傳記描寫中會看到的驚人事蹟：大弟子們達到覺悟之快速與出人意料。例如，在遊方沙門舍利弗初次遇見佛教比丘時，聽到一首四句偈便成為入流者；當大迦旃延(Mahākaccāna)還是個宮廷婆羅門時，聽完佛陀的開示便證得阿羅漢果。宮廷貴婦讖摩(Khemā)證得阿羅漢果時，身上仍然穿著她的華麗服飾。

人們可能很容易將這種快速的成就，視為只是另一個聖徒傳的熱情，但當我們將輪迴的背景納入考慮時，就會了解這種「頓悟」的例子絕非如表面呈現的偶然。它們的突然發生，並未違背心靈成長的自然法則，而是先前長期而緩慢準備過程的結果，在廣大的宇宙背景下經歷了無數世，一切培育的覺悟條件皆已臻成熟。那是因為弟子們一直都在進行，甚至連他們自己也不知道，在過去世中累積了豐厚的福德與智慧，因此在他們一接觸佛陀以及他的教法時，效果便立即呈現。

研究方法

本書是一本略傳的合集，長短不一，包括佛陀的二十四位[8]重要弟子在內。一篇是向智長老晚年所著（〈舍利弗傳〉），一篇是我自己所寫（〈大迦旃延傳〉），其他都是由何慕斯·海克所撰寫。[10]

感同身受的見證者

我們盡量充實本書的視野與內容，目的不只是匯集第一手的原典資料，更重要的是為有心學習早期佛教的心靈典範者帶來激勵與啟發。我們所作的略傳，並不想從區分事實與虛擬杜撰的客觀立場出發，對弟子生平的事件做各種評價，以得

到無可懷疑的歷史真相。我們採用的研究方法是將作者的觀點置入資料之內，就如感同身受的見證者與辯護者，而非置身事外的學者或法官。

對我們來說，一切事件是否一如經典中的報導，真的實際發生過，並不是那麼重要，重要的是，它們讓我們看見早期佛教團體如何看待它精神生活的典型。因此，我們不嘗試從歷史觀點去援引資料，而是忠實記錄下經文本身所告訴我們的大弟子與他們的生平，並依據我們的反思與意見，配上摘錄的引文。

憶念聖弟子

因此，本書的正確使用方式，是將它當作「憶念」的練習，而非客觀學者的事業。佛陀說，憶念聖弟子是禪修生活的根本，而「僧隨念」(saṅghānussati)是他經常建議追隨者的「六隨念」❶法門之一。對那些發現自己距離解脫還很遙遠的人來說，憶念那些破除我執，而達到高度清淨與智慧的聖者，是個很大的鼓舞。

藉由他們的例子，這些成就者鼓舞我們對於佛法解脫能力的信心。他們的生命說明了教法中提出的心靈典型，不只是空想而已，而是能透過活生生的人，努力對抗自身的缺點而達成。當我們研究他們的一生時，就能了解到那些大弟子都是

從像自己一樣的平凡人開始，遭遇到和我們一樣的障礙與困難。藉由相信佛陀與他的教法，以及藉由全心投入解脫道的修行，他們能超越一切我們過去所認為理所當然的限制，而提升到一個真正高貴心靈的次元。

在接下來的文章中，將探索這些站在整個佛教傳統源頭上，大弟子們的生平與性格。我們將檢視：他們過去世的背景與早期經驗；他們為了覺悟所做的努力；他們的成就與教法；他們在佛陀僧團中的表現；他們死亡的方式（如果知道的話）。這些和佛教正式的教理與修行一樣，都是佛教傳承的一部分，不只是古代歷史暮氣沈沈的片段，而是在這人類歷史的重要時機，留給我們活潑而光輝的遺產；這些弟子以他們的生命清楚說明了自我超越的可能性，那和我們的生存是緊密結合的。

原始資料不足的問題

我們在研究時，選擇弟子所依據的主要標準，是在教說裡他們的心靈境界與引人注目的事蹟。然而這標準，有另一個嚴格限制我們選擇的平衡要素，那就是可用的相關原始資料。與現代心態所預期的相反，包含某位弟子的傳記資料與經文數量，並不總是和他或她在僧團中的心靈地位與角色相稱。佛陀的大弟子圈包含比丘、比丘尼、優婆塞以及優婆夷，他

們受到世尊高度的讚揚，然而這些人卻很少留下任何顯著的資料。

例如，優波離(Upāli)尊者是「持律第一」者，他負責在第一次結集中匯編原始律藏，然而他被保存下來的傳記資料卻湊不滿一頁。原始資料不足的問題在女眾弟子身上尤其嚴重，我在下面會詳細討論這點。男眾的情況也是如此，一旦離開語佛陀最親近的弟子圈時，紀錄便少得可憐，甚至完全無聲無息。很顯然地，在洞見諸法無我之後，古代的佛教徒們並沒有什麼興趣去編輯「無我者」的傳記。

聖弟子的略傳

儘管有這個困難的限制，但在經文與註釋雙管齊下之下，我們還是收集了足夠研究二十四位弟子傳記的資料。前六章（編按：本書系列第一至三冊）是從長老比丘開始：兩位上首弟子——舍利弗與目犍連，充分地分攤了佛陀四十五年來建立教說的重任。在世尊去世之後，大迦葉(Mahākassapa)成為僧團的實質領導人，並以他的遠見確保了教說的存續。佛陀的堂弟與侍者——阿難，他強大的記憶力保存了大量的法寶，保護它免於隨著時間而流逝。佛陀的另一個堂弟——阿那律(Anuruddha)，擁有超凡的天眼能力。大迦旃延，是最能將世尊的簡短發言詳加闡述者。

雖然，有時在這些傳記中，有幾個相同的事件會重複出現。例如，舍利弗與目犍連的早期生涯，以及大迦葉與阿難在第一次結集前的生活，為了保持每一篇傳記的完整性，我們保留了這些重複。它們將這些相同的事件，從所涉及不同弟子的個人觀點中凸顯出來，從而提供我們更完整的事件輪廓。

接下來的一章（編按：本書系列第四冊）是研究十二位⑨傑出的女弟子，包括比丘尼與近事女在內。敏感的讀者可能會抗議，怎麼可以將十二位女弟子擠進一章中，而男眾弟子則安排了有九章之多，作者似乎有性別歧視。

對於這個抱怨，身為編輯的我只能回答，男女比例不平衡並非因為歧視，而是反應原始材料的分配不均。我們很希望對於女性的研究，能一如男性般深入與詳盡，但原始材料所呈現的，除了對女子去皈依佛陀，以及她們覺悟經驗的簡短描寫之外，其他都付之闕如。有時很可悲的，甚至連那些資料也不可得。

例如，蓮華色是比丘尼僧團的第二大弟子，然而她的傳記描寫（在註釋書中），卻幾乎都集中在她前世的長篇故事上——對現代人來說顯得頗為敏感。接著，便是少許她身為僧團比丘尼之歷史生活的簡短段落。

女眾弟子這一章也包含一位尚未達到任何聖果的近事女在內。她是拘薩羅國(Kosala)波斯匿王(Pasenadi)的皇后——摩利

迦（Mallikā，即末利夫人），雖然摩利迦並未證得入流果，並曾因一個異乎尋常的罪行而短暫轉生地獄，但她仍然是佛陀虔誠的支持者，她的行為在其他各方面都堪為模範。

本章最後一個故事——伊師達悉（Isidāsī，意譯為「仙見」）比丘尼，可能不是佛陀的直接弟子，有內部證明顯示她的詩甚至可能是在世尊去世後一百年才作的，但由於她的故事是在《長老尼偈》中被發現，且由於內容精彩，我們也將它納入本書中。

在女眾弟子之後是描寫一位比丘，他雖然並未被列在八十位大弟子中，但他一生的故事卻如神話一般，那就是央掘摩羅(Aṇgulimāla)比丘。他早年是個最兇惡且殘忍的連續殺人犯，但在佛陀的開導下，他從罪惡的生活轉變成聖潔的生活，並成為懷孕婦女心目中的「守護聖者」。

接著，我們要研究佛陀的第一施主——給孤獨長者的生平與成就，他將佛陀喜愛的僧團住處供養佛陀，並在許多方面都是在家佛教徒理想的代表。最後，我們以四位弟子一系列的短篇故事作為總結，包括另一位重要的在家弟子質多長者在內，他對「法」的了解與在禪修上的技巧，贏得許多比丘的讚歎。

資料來源

我們對大弟子描寫的主要來源是援引自上座部佛教的經典集合──巴利藏經，以中世紀的印度亞利安語，即現在所知的巴利語保存。這個集合包含三藏：「經藏」(Sutta Piṭaka)、「律藏」(Vinaya Piṭaka)、「論藏」(Abhidhamma Piṭaka)。❷最後這一藏，包含心理－哲學分析的技術領域，幾乎與我們的目的完全無關；而律藏則主要是取其戒條的背景故事，而非它自身的主題事物──僧團秩序的管理儀規。

來源之一──經藏

經藏因此成了我們傳記研究的基石。這一藏包含四大部：《長部》(Dīgha Nikāya)、《中部》(Majjhima Nikāya)、《相應部》(Saṃytta Nikāya)、《增支部》(Anguttara Nikāya)。其中的《相應部》分為五十六章，在共同主題下有許多短經；而《增支部》則是依照數目型態，從一到十一集的短經集合。我們在《增支部》的一篇中，發現〈是第一品〉，佛陀在其中提出了八十位大弟子。

除了四大部之外，經藏還有第五部：《小部》(Khuddaka Nikāya)，是該藏卷數最龐大的部分。在這部經典雜集中，我們發現四本與大弟子特別有關的作品，有兩本是一組的：

《長老偈》(*Theragāthā*)，包含與兩百六十四位比丘有關的一千兩百七十九偈，與《長老尼偈》(*Therīgāthā*)，包含與七十三位比丘尼有關的四百九十四偈。

在這兩個作品中，古代的佛教僧伽長老說出導致他們過出家生活的事件、覺悟的成就，以及他們見法的偈頌。雖然其中有許多偈頌只是訓勉的話（在經中其他地方也有類似的事物），並不太像自傳，然而這些訓勉的偈頌，卻讓我們得以一窺說話者的人格。

在《小部》裡，第三本與本書有關的作品是《本生經》(*Jātaka*)，藏經中的《本生經》只有偈頌，單獨閱讀很難理解，完整的《本生經集》（在《本生經註》中被找到）包含藏經偈頌中所蘊含的五百四十七個「出生的故事」。它們敘述了菩薩——未來的喬達摩佛陀，在過去生中積聚成佛資糧的冒險經歷與英勇事蹟。

受到華麗的印度神話所滋養，這些故事以傳說與寓言作為佛法的工具，傳達佛教倫理的課程。透過這些故事的「前言」與「後記」，它們與大弟子的研究產生關連。「前言」先道出佛陀僧團成員的插曲，帶出接下來他要說的故事，通常這些插曲反映了遙遠過去的事蹟，它們大都與和重要弟子的前世有關。在「後記」中，佛陀則比較過去生與此世所處環境的性格一致性（例如，「目犍連那時是大象，舍利弗是猴子，而

我自己則是聰明的鷓鴣鳥」），這將有助於我們發現弟子們的輪迴背景。

與本書有關的第四本《小部》作品是《譬喻經》(Apadāna)，全部都是偈頌，並且較晚出現，所以選用得很少。它是一本選集，是在佛陀座下得到阿羅漢果的比丘與比丘尼敘述他們過去世所做的功德，偶爾還會提到他們最後的解脫成就。這本經分成兩個主要部分：〈長老譬喻〉(Thera-apadāna，共五十五章，各有十個故事)，與短很多的〈長老尼譬喻〉(Therī-apadāna，共四章，各有十個故事)。

來源之二──巴利註釋書

我們所援引的第二個原始素材是巴利註釋書，其重要性僅次於藏經。在藏經的眾多註釋書中，有四本對我們特別珍貴，除了前面提過自成一類的《本生經註》外，還有《增支部》的《是第一品註》，它出現在《增支部》的完整註釋《滿足希求》(Manorathapūraṇī)中。它被歸於最偉大的巴利註釋者佛音論師(Ācariya Buddhaghosa)⑩所作。它的作品是奠基於古錫蘭註釋（已不存在），這些註釋，都被保存在錫蘭古都阿耨羅陀補羅(Anurādhapura)的大寺(Mahāvihāra)⑪中。

這一章的註釋有對每位在各領域最傑出弟子的傳記描寫。每個故事都有個類似的模式，一開始會提到這位弟子在過去世

中發願成為上首弟子，接著穿插在過去幾世中他們做了一些傑出的事，然後提到在最後一世中與佛陀相遇。通常這故事在他們被指定為大弟子時結束，但偶爾也會繼續提到他們在出家生涯中的事件。

另外兩本註釋書分別是《長老偈註》與《長老尼偈註》，它們都被命名為《勝義燈》(Paramatthadīpanī)，並且被歸為印度東南沿海巴多羅底陀寺 (Badaratittha) 的法護論師 (Ācariya Dhammapāla) 所作，他比佛音也許晚了一個世紀，它們明顯是奠基於舊文獻上，並反映出大寺的註釋原則。這兩本註釋書有部分與《增支部》的資料重複（有時會出現有趣的變異），吸納了《譬喻經》的引文，同時也解釋了這些弟子說出被認為是他們所作特殊偈頌的緣由。

還有第四本註釋書，後來被證明為是有用資料的泉源，雖然通常是富於想像的，即《法句經註》，它通常被歸為佛音所作，雖然這說法有時會受到現代學者質疑。這本註釋書有個基本前提，即《法句經》中看得到的每個偈頌（或偈頌的每一行），都是佛陀為回應某個特殊事件所說。這註釋的目的是，敘述引發佛陀說那首偈頌的過程，但它通常帶領我們超越即時的背景事件，到達造就那首偈頌的整個複雜環境網絡。有時這個註釋說到一系列的背景故事，甚至延伸到前世，因而揭露了發生在佛陀與其弟子之間的業力背景。

方法附記

在此要強調一點，除了註釋中的背景故事之外，我們對大弟子傳記的配置，並未考慮它們的相關性與一致性。事實上，在整個巴利藏經中，我們甚至找不到佛陀的相關傳記；關於這點，在巴利傳統中最早的嘗試，似乎是《本生經註》的序——《本生因緣》(*Jātaka-nidāna*)。

我們對弟子傳記最為完整的資料來源〈是第一品〉的註釋，似乎偏重他們過去的輪迴史，而非他們在佛陀座下的經歷，而其他註釋解釋最多的是個別事件，而非完整的生平。因此，本書的略傳是從遺留下來的經典中慢慢搭建而成，我們嘗試以自己的思惟與詮釋為接合材料，把它塑造成井然有序的整體。

此外，讓我們更難作的是，巴利藏經的編輯者在敘事時，並未根據連貫的原則，不像我們所預期現代傳記或新聞報導的方式。由於當初的參與者基本上是在一個口述而非文字記錄的傳統下，他們喜以切分音符的方式處理事件，所以考慮的不是流暢優雅的文字，而是教學與記憶的訓練需求。我們只能寄望在古代經典的紀錄中，敘事者突發與不連貫的靈感火花，不要造成太多突兀的裂痕。

在處理資料的過程中，我們試著在限於單本書的實際前提

下，讓它儘可能豐富。不過，在選擇所要納入的事件中，我們確實是遵循著特定的標準。巴利藏經的編輯者在編輯這些經典時，其標準基本上也和我們相同：即選擇一些事件與軼事，最能清楚傳達該弟子的個性，以作為佛教團體學習的典範，或能揭露他或她修行與悟法的特色。

我們也希望將該弟子一些過去世的資料納入，雖然這幾乎可以確定是傳說，但它卻透露了早期佛教社會的認知，他們認為那對該弟子的一生有著深遠的影響。但由於這些材料通常都是出自如《譬喻經》與《本生經》等較晚的經典，因此我們不想放進太多，以免讓具有歷史基礎的四部尼柯耶(Nikāya)⑫中的資料反而變成陪襯。我們也引用了《長老偈》與《長老尼偈》的偈頌，有時在某部傳記中，這些偈頌會被放在它們自己的一節中一起討論，有時則是打散作為一般的側寫。

本書最有效的使用方式，是依照它們最初的寫法，即為了激勵與薰陶心靈的目的而閱讀；不應存著閱讀小說的心態來讀。在此建議讀者，一天最好不要閱讀超過一章，應該和你正在學習的某個特殊弟子「交朋友」，思惟他或她的生命與教導，並試著發現那些故事對現代人有何啟發。最快也要等到隔天，才可以進行下一章。你的心可能會迷戀這些事，因此最好克制一下好奇心，並不斷提醒自己為何閱讀這本合集的原因。

正確的理由應該是：我們不是為了往昔有趣的軼事與浪漫情懷，而是為了以這些早期佛教成就者鮮活的描寫，來提升自己心靈的洞見。

原註

❶ 在佛陀的「十智力」中。參見 MN 12，《大獅子吼經》。

❷ 關於佛教上座部傳統宇宙圖更進一步的討論，請參考菩提比丘所編的《阿毗達摩概要精解》（*A Comprehensive Manual of Abhidhamma*），第五章，第二至十七節（BPS, 1993）。（譯按：中譯本由正覺學會於89年出版）

❸ 同上，第十八至三十三節。

❹ 在經典中，「聖弟子」的表述似乎有兩種定義。廣義是指「聖者的弟子」，即佛陀的弟子，包括任何用功的在家弟子；狹義的則是更專門性的定義，是指已證果的四雙八輩的聖者。在此我使用的是第二種定義。

❺ 參考 SN 13:1。

❻ 關於喬達摩之前的二十四位佛陀的詳細資料，可以在《佛種姓經》（*Buddhavaṃsa*）中找到。關於菩薩（佛陀）與燃燈佛相遇的故事是在 Bv. 2A 37-108；前三佛則在 Bv. 27, 1被提到。

❼ 進一步的詳細討論，請參考菩提比丘所著，《包含一切見網經》（*The Discourse on the All Embracing Net of Views*, part 4, BPS, 1978），即《梵網經》，第四部分。

❽ 辟支佛是在沒有老師的幫助下而達到覺悟者，類似無上的佛陀，但他並未像無上的佛陀一樣建立教團。據說只有在無上佛陀的教法不為世人所知的時期，辟支佛才會出現。請參考李爾‧克羅潘伯格（Ria Kloppenborg）的《辟支佛：佛教沙門》（The Paccekabuddha: A Buddhist Ascetic, BPS, Wheel No. 305/307, 1983）。

❾ 這些差異出自《經集註》（*Suttanipatā Commentary*），頁 48-52（PTS編）。一劫（kappa）是宇宙生成與毀滅所需的時間。關於比喻，請參考 SN 15:5, 6。對於阿僧祇的時間，我找不到確切的說明。

❿ 海克博士原來所寫的略傳，有些已被向智長老大幅擴增。詳細請參考本書【附錄】〈各冊文章的原作出處〉。

⓫ 參考 Vism. 7.89-100。

⑫ 有關進一步的詳細資料，請見魯賽爾・韋伯（Russell Webb）所著，《巴利藏經分析》
（An Analysis of the Pāli Canon, BPS, 1991）。

譯註

① 轉法輪：「法輪」是對佛法的喻稱，「轉法輪」則是指佛陀宣說教法。以輪比喻佛
法，是表示：（一）佛法能摧破眾生罪惡，如同轉輪聖王的輪寶，能摧輾山巖。（二）
佛法不停滯，猶如車輪輾轉不停。（三）佛法圓滿無缺，故以輪之圓滿做為比喻。

② 異熟（vipāka）：舊譯為「果報」，是善、惡業所得果報的總稱，因為因與果必異時而
熟，故稱「異熟」。

③ 異生（puthujjana）：即指凡夫。因凡夫輪迴六道而受種種別異的果報；又因凡夫由種
種變異而生邪見、造諸惡業，所以稱為「異生」。

④ 得法眼（dhammacakkhu-paṭilābha）與法現觀（dhammābhisamaya）：「現觀」意指
「充分理解」，「法」是指四諦或緣起法，「法現觀」即指理論性地理解四諦或緣起
法，而證悟得初果（須陀洹）。獲得此現觀的證悟即稱為「得法眼」，「法眼」是指
「有關法（緣起道理）的智慧之眼」，即佛教正確的世界觀、人生觀。

⑤ 即《增一阿含經》卷三～七的〈弟子品〉、〈比丘尼品〉、〈清信士品〉、〈清信女
品〉，或第一二六經《佛說阿羅漢具德經》。

⑥ 《增一阿含經》說她為「智慧第一」。

⑦ 弟子菩薩：又稱「聲聞菩薩」，共有三種：（一）未來上首弟子：每位佛陀都有兩位
上首弟子，就如釋迦牟尼佛有舍利弗與目犍連兩位上首弟子；（二）未來大弟子：就
如釋迦牟尼佛時的八十位大弟子；（三）未來普通弟子：除了上述兩種弟子以外的阿
羅漢。詳見《宿住論》（《大本經》的註釋。DN 14）。

⑧ 參見【英文版編者前言】註②，頁25。

⑨ 在原書〈佛陀的偉大女弟子〉一章中，共分十二節──一介紹女弟子的故事，其中一
節包含兩位女弟子，所以應為十三位女弟子。

⑩ 佛音論師（Ācariya Buddhaghosa）：五世紀中印度摩揭陀國人，是上座部佛教最偉
大傑出的論師。西元 432 年渡海至錫蘭的大寺，將全部錫蘭文的三藏聖典翻譯成巴
利語，並領導完成註釋工作，奠定上座部佛教興盛的基礎。又撰有《清淨道論》，是
匯集南傳上座部教理最詳盡的論書。

⑪ 大寺（Mahāvihāra）：西元前三世紀中葉，阿育王之子摩哂陀長老往錫蘭傳教，於古

都阿耨羅陀補羅建立提沙拉瑪精舍，是為大寺的前身。從此錫蘭佛教迅速發展，以大寺為統一教團的中心。至西元前一世紀，錫蘭佛教分裂為大寺派與無畏山寺派，前者堅持保守傳統上座部佛教，後者容納大乘佛教。西元五世紀，佛音論師於大寺注釋三藏，奠立大寺派基礎，至十二世紀左右，無畏山寺派消失，大寺派的上座部佛教才完全確立其在錫蘭的正統地位至今。

⑫ 四部尼柯耶（Nikāya）：即《長部》、《中部》、《相應部》、《增支部》。

第一部

僧伽之父
大迦葉

何慕斯‧海克／撰

第一章

迦葉早年

佛陀在般涅槃前拒絕任命繼承者，他勸比丘們要以「法」與「律」為師，因為實踐解脫道所需的教法都包含在他四十五年的說法裡，他們可從中尋找。

似佛的弟子——大迦葉尊者

佛陀入滅之後不久，比丘們雖然未推舉繼承者，但是對一位獨居長老的敬意卻與日俱增，他渾身自然地散發出力量以及威嚴的光輝。巴利文註釋書描述這個人為「似佛的弟子」(buddhapaṭibhāga-sāvaka)，他就是摩訶迦葉 (Mahākassapa)，或大迦葉尊者。

大迦葉能在剛失去領導者的僧團中脫穎而出，其中有許多因素。他擁有佛陀三十二種「大丈夫相」中的七種，禪定的成就與智慧也受到佛陀讚歎。❶他是唯一曾和佛陀交換僧袍的比丘，那是一種殊榮；他擁有最高程度的「激勵信心的十種德行」；❷他也是持戒與苦行修禪的典範。

因此，由他來召集其極力主張的第一次僧伽大會，便不會令人感到驚訝。顯然地，基於同樣的理由，在很晚之後的中國與日本，這位令人敬畏的長老被認定為禪宗初祖。

父母逼婚

如同舍利弗與目犍連這兩位上首弟子，摩訶迦葉也是婆羅門階級。在菩薩（佛陀）出生前幾年，摩訶迦葉誕生在摩揭陀國的大岸(Mahātittha)村，是迦毗羅(Kapila)梵志與其妻須摩那代毘(Sumanādevī)之子，❸名為畢鉢離(Pipphali)。他的父親擁有十六座村莊，儼然像個小國王一樣統治它們，因此畢鉢離是在富裕與奢華的環境下長大。

然而，他從小即渴望過出家的生活，因此不想結婚。當父母一再慫恿他娶妻時，他告訴父母會一輩子照顧他們，而在他們死後，就會出家成為沙門。不過他們一再堅持他必須娶妻，為了安慰母親，他終於同意結婚——條件是必須找到一位符合他完美標準的女孩。

為此，他僱請金匠打造一個純金的美女雕像，並為她配上華服與美飾，然後顯示給他的父母看，說：「如果你們能為我找到像這樣的美女，我就同意過在家的生活。」不過，他的母親是個聰明的女人，她心想：「我的兒子過去一定累積了

許多善德，而他一定是和這個金像一樣的美女共同完成的。」
於是，她找到八個婆羅門，賜予他們豐厚的禮物，請他們帶
著美女像四處去尋找類似的人。這些婆羅門心想：「我們且
先去摩達國(Madda)，那是個出產美女的寶地。」他們在沙竭
羅(Sāgala)城找到一個足可和金像媲美的女孩。她是一個富有
婆羅門的十六歲女兒——拔陀迦比羅(Bhaddā Kapilānī)，比畢
缽離迦葉年輕四歲。她的父母同意對方的提親，於是婆羅門
們便趕回去報佳音。

然而，拔陀迦比羅和畢缽離一樣也不想結婚，她想過梵行的
生活，出家當女沙門。她和畢缽離這種一致的心願並非巧
合，而是源於過去所造業力的緊密連結。這個連結在此世成
熟，他們在年輕時以婚姻結合，然後再果斷地分開——又一
次更高層次結合的決定。最後兩人都圓滿了修行，在世尊座
下證得最高聖果。

聽到自己的計劃被破壞，父母親真的找到一個和金像相符的
女孩，畢缽離很難過。他想毀約，於是寫了一封信給女孩：
「拔陀！請另尋門當戶對的佳婿，和他一同過快樂的生活。因
為我想出家成為沙門，請勿有遺憾。」拔陀迦比羅的心思和
他一樣，也悄悄寫了一封相同的信給他。但他們的父母，早
就料到會發生這種情況，便中途將信攔下來，換成為歡迎的
信函。

與妻同發願成為沙門

所以拔陀被帶往摩揭陀，這對年輕的佳偶還是結婚了。然而，由於兩人都渴望出家修行，因此彼此同意保持獨身生活。為了顯示他們的決心，每晚上床前，他們會在兩人之間擺一個花環，並決議：「如果哪邊的花枯萎，就知道誰已生起欲念。」到了晚上，他們都徹夜保持清醒，以避免身體接觸；白天，甚至不彼此微笑。當父母健在時，兩人都遠離世俗的享受，甚至不需要照顧莊園農場。

畢缽離的父母死後，兩人得負責經營龐大的產業。這時，他們開始感覺到出家的誘因。有一天，當畢缽離巡視農地時，他似乎是帶著新的眼睛去看從前就看過的東西。他觀察到，農場工人在墾地時，會有許多鳥聚集，大啖犁溝裡的蟲。

對農夫來說，這個景象十分平常，卻令他驚嚇。那帶來財富的事業令他感到震撼，他的田產竟是其他眾生痛苦的回饋，他的生活是用許多土壤裡的蟲，以及其他小生命的死亡換來的。想到這裡，他問其中一個工人：「誰必須承擔這些惡業的果報？」

「你自己，先生。」他回答。❹

被業報的洞見所震撼，畢缽離返家並思惟：「如果我必須為了這個殺生而承擔罪果，那財富於我有何益處？我最好將它

們全都交給拔陀，出家過沙門的生活。」

但在家裡，拔陀同時也有類似的經驗，對於從前經常看見的事物，有了耳目一新的深刻了解。僕人鋪開芝麻種子，曝曬在太陽下，於是烏鴉與其他鳥兒競食被種子吸引來的昆蟲。

當拔陀問僕人，誰應該為這許多生命的慘死負起道德上的責任時，僕人回答業報的責任是她的。於是她心想：「單單這些惡業，就足以令我在一千世的輪迴大海中，無法冒出頭來。等畢缽離一回來，我就立即將一切都交給他，然後離家過沙門的生活。」

當兩人發現彼此想法一致時，他們從市集買來橘色衣袍與土缽，然後相互剃頭。如此看起來就像沙門遊行者，他們並發願：「我們一定要找到世上的阿羅漢！」雖然他們尚未遇見佛陀或他的教法，但他們直覺地知道應以大智聖者「準弟子」的身份，遵行沙門的生活。

與妻各自追尋究竟解脫

然後，他們將缽掛在肩上，悄悄地離開莊園宅第。然而，當抵達屬於他們資產的隔壁村落時，被工人與其家人看見。他們痛哭失聲，匍匐在兩位沙門腳下，叫道：「啊，親愛與尊貴的主人！你們怎麼忍心讓我們成為無助的孤兒呢？」

「那是因我們已看見三界猶如火宅，因此想追求出家的生活。」畢缽離允許奴隸者恢復自由，然後和拔陀繼續上路，留下村人仍在後面哭泣。

他們行路時，迦葉在前，拔陀緊隨其後。這時迦葉心想：「啊，拔陀迦比羅緊跟在我身後，而她是個大美人。有些人可能會想：『雖然他們是沙門，但仍無法離開彼此獨自生活！』如果他們竟因此心生邪念，或甚至散播惡毒的謠言，那就會嚴重傷害自己。因此，我們最好分開。」

當到達一處路口時，迦葉便將這想法告訴她，並說：「拔陀，妳走這條路，我走另一條路。」她回答：「對沙門而言，女人確實是個障礙。人們可能會懷疑我們行為不檢而來毀謗，因此讓我們分手，各走各的路。」

然後恭敬地對他右繞三匝，禮拜他的雙足，並合掌說：「我們無數世以來親密的伴侶關係與友誼，今天就此結束。您請走右邊這條路，我會走另一條路。」他們就這樣分手，各自上路，追尋崇高的目標──究竟解脫痛苦的阿羅漢果。

據經上說，大地有感於他們的戒德威力而劇烈震動，天上雷聲大作，連世界邊緣的山嶽都傳出回響。

原註

❶ 他精通九次第定與六神通，包含阿羅漢果在內。參見本書第一部‧第五章〈迦葉與

佛陀的關係〉。

❷ 根據《瞿默目犍連經》(*Gopaka-Moggallāna Sutta*)，比丘有十種德行能啟發淨信 (pāsādanlya-dhammanā)：（一）正直；（二）多聞；（三）知足；（四）輕易達到 四禪；他擁有（五）神足；（六）天耳；（七）他心智；（八）宿命通；（九）天 眼；（十）漏盡，即阿羅漢果。

❸ 大迦葉早年這些事是取材自《相應部》的註釋(SN 16:11)，類似的版本在《增支部· 是第一品》的註釋。

❹ 在此要注意，工人的回答並不符合佛教的業報思想。根據佛陀的說法，業是由意所 造，如果沒有殺生的意圖，就沒有殺業與道德責任。

第二章

阿羅漢比丘尼——拔陀迦比羅

讓我們先跟著拔陀迦比羅走。她沿路走到舍衛城(Sāvatthi)，在祇園精舍聆聽佛陀開示。那時比丘尼僧團尚未成立，她就住在祇園精舍附近的非佛教女沙門修道院。她在那裡住了五年，直到受戒成為比丘尼為止。

證得阿羅漢聖果

不久之後，拔陀證得阿羅漢聖果。佛陀讚歎她為比丘尼中憶念前世第一者(AN 1, chap. 14)。巴利註釋書與本生故事，留給我們一些有關她前世為迦葉妻子的記載。

有一天，她說出下列偈頌，其中她讚歎大迦葉並宣示自己的成就：

佛陀之子與法嗣，

迦葉尊者善入定，

覺知前世之住處，

洞見天界與惡趣。

彼亦已達成無生，
圓滿聖者之正智；
具足三種智證明①，
爲具三明之梵志。

拔陀迦比羅亦然，
無死三明之女尼。
戰勝魔羅與眷屬，
此身已是最後身。

見過世間大危險，
吾等出家成沙門。
如今已滅除諸漏；
清涼寂滅證涅槃。　(Thig. 63-66)

慈悲地看待偷羅難陀的滋擾

身爲阿羅漢比丘尼，拔陀主要致力於教育年輕尼眾，並指導
她們持戒。在〈比丘尼分別〉(*Bhikkhunī Vibhaṇga*)中，記載了

幾件她指導學生持戒的事。❶其中有兩件，是拔陀迦比羅忍受另一位比丘尼對她的嫉妒，而那一位比丘尼對大迦葉也懷有敵意。

偷羅難陀(Thullanandā)比丘尼博學多聞，並且善說佛法，但她顯然銳利有餘而柔軟不足。她非常頑固，不想改變自己的行為，好幾部律典都有提到這點。當拔陀也成為著名的說法者，甚至受到一些偷羅難陀學生的喜愛時，偷羅難陀便心生嫉妒。

為了滋擾拔陀，有次她和學生在拔陀的房前來回走動，大聲念誦。她為此而受到佛陀的責備。❷

另一次，拔陀請求偷羅難陀在她拜訪舍衛城時，為她安排臨時住處。但偷羅難陀的嫉妒再次作祟，她將拔陀從那些住處排除。❸然而，拔陀已經是阿羅漢，不會再受到這種事影響，她只是輕描淡寫與慈悲地看待它們。

原註

❶ Bhikkhunl Vibh., Sanghādisesa 1; Pācittiya 10, 12, 13. Vin. 4:227, 267, 269, 270.

❷ Bhikkhunl Vibh., Pācittiya 33. Vin. 4:290.

❸ Bhikkhunl Vibh., Pācittiya 35. Vin. 4:292.

譯註

① 三種智證明是指阿羅漢通達無礙的三種智明，即：（一）宿命智證明：明瞭自己與

眾生一切宿世之事的智慧；（二）生死智證明：以天眼通預見自己與眾生在死後歸趣的智慧；（三）漏盡智證明：如實了知四諦之理，斷盡一切煩惱的智慧。

第三章

輪迴背景

大迦葉與拔陀迦比羅原是發願要成為過去第十五佛蓮華上佛(Padumuttara)的大弟子，蓮華上佛出現在過去十萬劫前，而他的主寺座落在有鵞城(Haṃsavatī)附近的安隱鹿野苑。❶

富有的地主夫婦

那時，未來的迦葉是個富有的地主，名為韋提訶(Vedeha)，而拔陀是他的妻子。有天韋提訶去寺裡，坐在大眾中，佛在那時宣布摩訶尼薩巴(Mahānisabha)長老，是他的第三順位弟子，苦行第一。韋提訶聽了很歡喜，就邀請佛陀與全部僧伽隔天到他家裡用餐。

韋提訶發願成就苦行第一

當佛陀與比丘們在他家用餐時，韋提訶看到摩訶尼薩巴長老在街上托缽，他出去邀請長老加入聚會，但長老婉謝。於是他拿起長老的缽，裝滿食物再還給他。

當韋提訶回到屋裡時,他問佛陀長老謝絕的理由。佛陀解釋;「善男子!我們受邀到家裡用餐,但那位比丘只靠托缽乞食;我們住在城裡的寺院,但他只住在森林裡;我們住在有屋頂的地方,但他只住在空曠處。①」

韋提訶聽到這個說法,心中異常歡喜,於是他思惟:「就如油燈也會灑油,我為什麼只滿足於阿羅漢果?我將發願成為未來佛諸沙門行者中,苦行第一的弟子。」

然後,他邀請佛陀與僧眾到他家裡用餐一週,並供養所有僧伽三衣,頂禮佛陀,並說出他的願望。蓮華上佛觀察未來,看見他的願望會實現。於是為他授記:「從現在起十萬劫後,有佛名喬達摩出現於世。你會成為他第三位上首弟子,名為『摩訶迦葉』。」

拔陀發願成就憶念宿命第一

至於拔陀,則受到憶念宿命第一的比丘尼所激勵,發願在未來佛座下獲得這種成就。她也受到蓮華上佛印可,說她將可如願。

於是兩人餘生都持戒行善,死後都轉生天界。

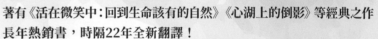

呼喚蓮花生
—— 祈求即滿願之蓮師祈請文集

編譯者／卻札蔣措　定價／550元

中文世界第一本壯麗的蓮師願文大集結！
多篇來自蓮師埋藏的伏藏法！
《我的淨土到了》作者卻札蔣措親自編譯！

揚唐仁波切曾多次說過：「在亂世之中，我們要依靠的就是蓮師。」特別在當今疾疫戰爭的時刻，蓮師的威光就更顯珍貴。依照本書的願文來發願，念誦之中自然轉念為善，只要用虔誠的心來祈請，緣起力量不可思議，果報深廣也不可思量！

龍神卡—— 開啟幸福與豐盛的大門
（38張開運神諭卡+指導手冊+卡牌收藏袋）

作者／大杉日香理（Ohsugi Hikari）　繪圖／大野 舞（Denali）
譯者／張筱森　定價／699元

迎接龍年！找龍神當靠山！來自三十八隻日本龍神的強
無論是金錢、戀人、工作、人際關係，在全新的一年都會
驚喜的變化！

在日本，龍神自古以來一直是和人們很親近的神祇，時常被雕刻
神社或寺廟。龍神在神明中負責「結緣」，為我們人生的各個層面
牽起人與人之間的緣分，並成為靈魂成長與發展的後援。透過牌
卡，便能輕鬆得知龍神給予我們的提示與能量。

歪瓜—— 一代禪師鈴木俊隆的平凡與不凡

作者／大衛·查德威克（David Chadwick）
譯者／薛亞冬　定價／760元

在作者的筆下，我們第一次見到古代公案中的禪師變得有血有肉，揚眉瞬目，站在面前，對我們微笑，鼓勵我們從他一生的言行中汲取力量。

本書作者是鈴木俊隆的弟子，擁有鈴木禪師親言教誨的第一手資料，以及同門師兄弟的回憶，還採訪了大量鈴木俊隆的親朋好友，可謂下足功夫，為讀者奉上這本生平傳記，將我們帶進他的生命中，一起見證禪師作為佛子，將生命化作不懈修行的一生。

在故事與故事間穿越
—— 追隨印加薩滿，踏上回家的路

作者／阿光（游湧志）　定價／480元

廣播金鐘得獎主持人帶讀者體驗最原始、精煉的「薩滿」
一起找尋自身最深處的故事！

★本書沒有攻略、路線和景點導覽。有的是一個個你我都會深有同
　感的人生故事！
★上百張作者在南美親自拍攝的照片，包括火山、海底神廟、星際
　之門等聖地。
★掃書中QRcode便可以看到作者在當地探訪的影片！

我們誤解了這個世界
—— 高僧與哲人的對話

作者／濟群法師、周國平　定價／380元

西方哲學與東方佛學的精彩碰撞，
引領我們看清事物的本來面目，從迷惑走向覺醒。

本書根據濟群法師與著名學者周國平的六次深度對談整理而成。兩位從各自專研的領域出發，圍繞因緣與因果、命運的可變與不可變、無常與永恆等話題，展開深入的辨析，探討正確認識自己、認識世界、認識人生的智慧與哲思。

走過蓮師三大隱密聖境
—— 尼泊爾·基摩礱／錫金·哲孟雄／西藏·貝瑪貴

作者／邱常梵　定價／720元

再次起程！踏上極少人到訪過的蓮師三大隱密聖境！
橫跨尼泊爾努日、印度錫金、印藏邊界，一步一步與蓮師相遇！

書中四百多張珍貴的照片記錄作者在朝聖旅程中與蓮師相遇的過程，讓讀者彷彿跟著她走過一座又一座的山頭，親歷身體的痠痛與心靈的富足與信心。所有和蓮師有緣的人，請跟著作者一步一步走過蓮師授記的三大隱密聖境吧！

貧窮的婆羅門夫婦

大迦葉與拔陀迦比羅下一個前世記載發生在很晚之後，在喬達摩佛之前第六佛——毘婆尸(Vipassī)佛的教化時期。

好樂求法的「一衣者」

這次他們是貧窮的婆羅門夫妻，兩人窮到只有一件上衣，因此每次只有一個人能外出。在這個故事中，該婆羅門因此被稱為「一衣者」(ekasātaka)。

雖然我們很難想像這種赤貧，但更難想像的是，在如此赤貧之下，他們的心並不窮。迦葉與拔陀兩人從前就是如此，雖然身為貧窮的婆羅門夫妻，但他們的生活卻非常和諧，快樂並不因貧窮而減少。

有一天，毘婆尸佛將舉行一個特別開示，兩人都很想去參加，但只有一件上衣的他們，無法同時出席，於是妻子在白天去，丈夫則在晚上去。當婆羅門聽到布施功德的開示時，內心深深受到感動，於是他想將僅有的一件衣服獻給佛陀。但在他下定決心後，又感到很不安：「這是我們僅有的上衣，也許我最好先和妻子商量。沒有上衣我們如何過活？如何替換呢？」

無我的布施

最後他還是排除一切疑慮，將衣服放在佛陀腳下。做完之後，他不禁鼓掌歡呼：「我勝利了！我勝利了！」國王此時在簾幕後聆聽開示，聽到歡呼並問明原因後，便送了好幾套衣服給婆羅門，之後並請他擔任宮廷教士，這對夫妻的困境也從此結束。

由於無我布施的結果，這婆羅門死後轉生天界。離開天界之後，他又成為人間的國王，仁慈地對待子民，並布施供養當時的沙門。拔陀當時是他的皇后。

婆羅門夫婦

至於拔陀，她曾是一個婆羅門少年的母親，這個少年是菩薩（未來佛）的學生，他想出家成為沙門。迦葉就是她那時的丈夫，阿難則是她的兒子。

拔陀希望她的兒子在出家之前，多認識世俗生活，但對年輕婆羅門來說，這種認識卻是以一種椎心刺骨的方式降臨。老師的老母瘋狂地愛上他，甚至準備為了他殺死自己的兒子。這次絕望的激情相遇，讓他徹底厭離世俗生活，他的父母也同意他出家修行(Jāt. 61)。

另一次，迦葉與拔陀是一對婆羅門夫妻，有四個兒子，分別

是未來的菩薩、阿那律、舍利弗與目犍連。這四個人都想出家，起初這對父母不答應，但之後了解到出家生活的果報與利益，最後連他們自己也出家(Jāt. 509)。

梵天所轉生的夫婦

在另一世中，有兩個村長，他們是好朋友，決定如果他們的小孩是異性，長大後就結婚，結果真的如他們所願。

但這兩個小孩在前世中是梵天界的天神，因此他們毫無性欲，最後在父母同意下，選擇出家的生活(Jāt. 540)。

破鏡重圓的地主夫婦

在諸多故事裡，拔陀在過去世裡唯一錯誤的行為是：在介於兩佛出現的某個時間，拔陀是地主的妻子。有一天，她和小姑吵架，這時一位辟支佛②正好前往她們家托鉢。❷當小姑供養辟支佛食物時，拔陀想讓她難堪，便拿起辟支佛的鉢，將食物倒掉，並裝滿泥巴。然而，她立刻就後悔了，拿回鉢以香水洗淨，並盛滿香甜可口的飯食，然後將鉢還給辟支佛，並請求他原諒自己的無禮。

由於這行為的業報混雜著黑暗與光明，拔陀在下一世便擁有

財富與美貌，但身體卻發出可怕的惡臭。她的丈夫——未來的迦葉，因無法忍受臭味而離開她。但由於她很美麗，仍有人前仆後繼地前來求婚，不過後來的結局都一樣。

她非常失望，感覺人生無趣，為了處置財產，她融化所有飾品做成一塊金磚，帶到寺院，供養為了紀念剛入滅的迦葉佛而建造的塔。她以至誠心獻上金磚，結果身體又再度變香，首任丈夫——迦葉也來帶她回家。

從梵天轉生人間

在該世的前兩世，拔陀是波羅奈國(Benares)的皇后，時常贊助好幾位辟支佛。有感於他們的突然死亡，她捨棄世俗皇后的生活，在喜瑪拉雅山禪修。藉由出離與禪定的力量，她轉生到梵天，迦葉也是如此。在梵天那世之後，他們就轉生人間為畢缽離迦葉與拔陀迦比羅。

從這些事我們發現，兩人的前世都曾在梵天過清淨的生活，也都曾一再出家。因此，在最後一世保持獨身生活，放棄一切財產，並追隨佛陀教法，成就阿羅漢果，對他們來說並不困難。

原註

❶ 此事是根據SN 16:11的註釋，其中並未提到拔陀，她是出現在Ap. ii, 3:7, v.245，她說在韋提訶說他的本願是成為蓮華上佛的偉大弟子時，她是他的妻子。她自己的本願事蹟則記錄於《增支部・是第一品》的註釋。

❷ 辟支佛：見【導論】註❽，頁54。關於這件事與接下來的生平，請參考SN 16:11的註釋。

譯註

① 依《清淨道論》所說，共有十三頭陀支，是佛陀所允許超過戒律標準的苦行，包括糞掃衣、三衣、常乞食、次第乞食、一座食、一缽食、時後不食、阿蘭若住、樹下住、露地住、塚間住、隨處住以及常坐不臥。這些苦行有助於開發知足、出離與精進心。

② 辟支佛：意譯為「緣覺」、「獨覺」，是指無師而能自覺自悟的聖者，或是指不從他聞，自覺悟十二因緣真理的聖者。

第四章

迦葉如何遇上佛陀

繼續我們的故事，現在要回來看大迦葉。❶在他來到十字路口之後，他去了哪裡？如前述，當兩個沙門分手時，大地被他們的出離功德威力所震動。

佛陀放光等待大迦葉

佛陀察覺到大地的這次震動，知道那意味著有傑出的弟子正要來找他。在未通知任何比丘的情況下，他獨自上路，走了五哩路去見未來的學生——這個慈悲的舉動，後來一直受到讚頌(Jāt. 469，序)。

在王舍城與那爛陀之間的路上，佛陀坐在多子塔(Bahuputtaka cetiya)旁的榕樹下，等待未來的弟子到達。他並未像普通沙門一樣坐在那裡，而是展現一切莊嚴的佛光。

他放光照亮八十公尺方圓，整片樹林變成一片光明，他並示現三十二種大丈夫相。當迦葉到達時，看見佛陀坐在那裡，充滿覺者之光，他心想：「這一定就是我要尋找的老師！」

他走向佛陀，匍匐在他的腳下，大聲說道：「世尊，佛陀，是我的老師，我是他的弟子！世尊，佛陀，是我的老師，我是他的弟子！」

完成出家與受戒

佛陀說：「迦葉！若有人不知、不見，卻對像你一樣誠心的弟子說：『我知、我見』，他的頭將會裂開。但迦葉，我已知而說：『我知』；我已見而說：『我見』。」然後，他給迦葉下述三個告誡，作為他的首次正式佛法開示：

> 迦葉！你應如此訓練自己：「對於僧團中的年長、年幼與年紀中等者，我都要存有慚愧心。
> 「無論我聽到什麼教法是導向善的，我都應專心聆聽，檢視它、思惟它，並全心吸收它。
> 「於身念處正念樂住，我不敢有所遺忘！」你應該如此訓練自己。

根據註釋，這三個教誡便同時完成迦葉的出家與受戒。

佛陀以換衣激勵修持苦行

然後，大師便與弟子一起走向王舍城。途中，佛陀想要休息而走到路旁的樹下，於是大迦葉將僧伽梨(saṅghāṭī)①摺四折，請佛陀坐在上面，「這將對我有長遠的利益」。佛陀坐在迦葉的衣上，並說：「你的衣拼布好柔軟，迦葉。」聽到這個，迦葉回答：「惟願世尊慈悲地接受這件僧伽梨！」

「但是，迦葉你願意穿我這件破舊的糞掃衣(paṃsukūla)②嗎？」迦葉欣然地回答說：「當然，世尊，我願穿世尊的糞掃衣。」

這次交換衣服，對大迦葉尊者來說極不尋常，那是其他弟子所無的殊榮。註釋書解釋佛陀和迦葉換衣，是想激勵他從加入僧團開始，就遵循頭陀(dhutaṅga)苦行。

雖然佛陀在覺悟之後，譴責極端苦行為盲目之道，是「痛苦、無知與無益的」，但他並不反對符合中道架構的苦行。真正的中道不是一條輕鬆舒適的高速公路，而是孤單與陡峭的，需要捨離渴愛，且要能忍受艱辛與不適。

因此，佛陀鼓勵那些真心致力於根除最微細渴愛者，受持頭陀行──誓願過簡單、知足、出離與精進的生活，他經常讚嘆那些遵守這些誓願的比丘。

古老的經典一再讚歎幾種苦行：只持三衣（並拒絕多餘的衣

服）；只穿糞掃衣（拒絕在家人提供的衣服）；堅持只靠托缽乞食維生（拒絕用餐邀請）；只住在森林裡（拒絕住在城裡的寺院）。在註釋裡，這些苦行被延伸為十三項，在《清淨道論》討論禪定生活的部分，對此有詳細的解釋。❷

佛陀給迦葉的衣服是從墳場撿來的裹尸布所做成，當他問迦葉是否願意穿那件衣服時，他是含蓄地問他是否願意貫徹包含「糞掃衣」在內的頭陀苦行。

終身堅持嚴厲的苦行

當迦葉確認自己願意穿那件衣服時，他的意思是：「是的，世尊，我願意貫徹你希望我採用的苦行。」從那時起，迦葉終身都堅持嚴厲的苦行，甚至一直到老年，仍持守年輕時許下的誓願。

之後，有次佛陀宣佈大迦葉是諸比丘中「苦行第一者」(AN 1, Chap. 14)，這圓滿了迦葉在過去百千劫前所發下的本願。

在迦葉出家與換衣之後，僅僅七天，他就證得所追求究竟的阿羅漢果，內心解脫一切煩惱。過了很久之後，當他對阿難談起這件事時，他說：

　　朋友！我猶如欠債者在鄉間乞食七天，然後在第八天，阿

羅漢的無漏智便在我心中生起。(SN 16:11)

原註

❶ 這個故事是接續 SN 16:11 的註釋。

❷ 見三界智(Nyanatiloka)編，《佛教辭典》(*Buddhist Dictionary*)，dhutaṅga 一詞解釋。尤其《清淨道論》第二章都是在談論這個主題。

譯註

① 僧伽梨(saṃghāti)：三衣之一，即大衣，為正裝衣，托缽或奉召入王宮時所穿之衣。僧團准許比丘擁有三種衣，除僧伽梨之外，還有鬱多羅僧(uttarāsaṅga)，即上衣，為禮拜、聽講、布薩時所穿用。第三種衣是安陀會(antarvāsa)，是日常工作時或就寢時所穿著的貼身衣。

② 糞掃衣(paṃsukūla)：即「塵堆衣」。「糞掃」意指置於道路、墓塚、垃圾堆等塵土之上的，或指被視如塵土可厭的狀態。「糞掃衣支」是十三頭陀支其中一支，比丘受持此一頭陀支，可捨棄對多餘之衣的貪著，而能少欲知足。

第五章

迦葉與佛陀的關係

我們已看到迦葉尊者與佛陀之間有深刻的內在關係。根據傳統資料，這關係在他們的前世中就已締結了。根據本生故事，迦葉在他的十九世中和菩薩有連結，經常是密切的家庭關係。

迦葉當菩薩的父親不下六次(Jāt. 155, 432, 509, 513, 524, 540)，當他的兄弟兩次(Jāt. 488, 522)，並經常是他的朋友或老師。由於這並非他們首次相遇，因此我們不難了解，為何迦葉初次看到世尊，會有那麼立即而強烈的信心，以及全心的奉獻。

佛陀請迦葉指導比丘眾

從迦葉的晚年來看，佛陀和這位大弟子之間有許多對話紀錄。有三次，世尊對他說：

迦葉！告誡比丘們，為他們開示佛法。迦葉，我或你兩者

之一，應告誡比丘們；我或你，應為他們開示佛法。(SN
16:6)

這些話意味著對迦葉能力的高度肯定，因為並非每個阿羅漢
都能妥善與有效地說法。
註釋書在此提出一個問題，為何得到佛陀如此高度尊敬的是
大迦葉，而非舍利弗與目犍連。註釋書說，佛陀如此做，是
因他知道迦葉能活得比他久，但舍利弗與目犍連則不然，此
外他想鞏固迦葉在其他比丘心目中的地位，如此他們才會重
視他的忠告。
當佛陀三次要求迦葉告誡比丘們時，都遭到拒絕。在第一
次，迦葉說如今要對比丘說話變得很困難：他們不遵從勸
誡，難以追蹤，接受規勸時態度倨傲。他也聽到兩個比丘吹
噓他們說法的技巧：「來，讓我們看看誰說得比較豐富，比
較好聽，又比較長。」
當佛陀聽到迦葉如此說時，便找來這些比丘，為他們上了嚴
格的一課，使其放棄自己幼稚的慢心(SN 16:6)。因此我們可
以看見，迦葉的負面談話結果，卻對那些比丘有正面的利
益，他如此做並非為了要批評別人。
第二次，迦葉也不想指導比丘們，因他們不遵從勸誡，無有
慚愧，又缺少智慧。迦葉將這些比丘墮落的狀態，比喻為月

缺，日漸失去美麗（信）、圓滿（慚）、光明（愧）、高度（精進）與廣度（智慧）(SN 16:7)。

第三次，佛陀請迦葉指導比丘們，迦葉再次以相同的理由婉拒。這次佛陀似乎也未力勸迦葉改變心意，反倒是自己說出他們行為的原因：

> 迦葉！先前僧團中有長老是林住者，托缽維生，著糞掃衣，只持三衣，少欲知足，離群獨居，精進不懈，並且他們稱讚與鼓勵這種生活方式。當這些長老拜訪寺院，會受到熱烈的歡迎，並被尊為一心修行佛法的人。於是年輕比丘會努力效法其生活方式，這對於他們有長遠的大利益。

迦葉！但如今去寺院拜訪受到尊敬的，並非認真苦行的比丘，而是那些著名的、受歡迎的與資具眾多的比丘。由於這些人受到歡迎與尊敬，於是年輕比丘們就想仿效他們，那將會帶給他們長遠的傷害。因此，說這些比丘所受到的傷害與打擊，是源自於對比丘生活的傷害，這並不為過。(意譯自 SN 16:8)

迦葉向佛陀請法

還有一次，迦葉問佛陀：「為什麼從前只有很少的規定，卻有很多比丘證得阿羅漢果智，而現在規定多了，但證得阿羅漢果智的比丘卻少了呢？」佛陀回答：

迦葉！當眾生墮落與正法消失時，就是如此：規定變多，而阿羅漢卻變少了。然而，正法並不會消失，除非偽法在此世間出現；當偽法在此世間出現時，正法就會消失。

但是迦葉，不是四大──地、水、火、風的巨變，造成正法消失。猶如造成船隻沈沒的原因不是超載，那並非它消失的理由。造成正法敗壞與消失的，是五種有害的態度。

這五者即是：有比丘、比丘尼、優婆塞與優婆夷，不尊重與隨順佛、法、僧、戒與定。只要尊重與隨順這五事，正法就不會敗壞與消失。(SN 16:13)

我們應該注意，根據此經，優婆塞與優婆夷也是佛法的守護者。由此可知，即使佛法在比丘眾中式微，但只要在家眾仍尊敬與修行，就能繼續存在。

佛陀肯定迦葉的苦行

其他和大迦葉有關的經典，大都和他的苦行有關，也都受到佛陀高度的讚歎。但有一次，佛陀在傳法晚期曾提醒迦葉現在他已衰老，　定會發現粗糙與破舊的糞掃衣不堪使用。佛陀因而建議迦葉應穿在家眾提供的衣服，接受用餐的邀請，並住在僧團中。

但迦葉回答：「長期以來，我一直是林住者，乞食維生，穿糞掃衣，並且我也讚歎別人過這種生活。我少欲、知足，獨居且精進不懈，對於別人如此做我也加以讚歎。」

佛陀問他：「你為什麼要如此生活？」迦葉回答：「有兩個原因：為了我自己樂住於當下，也為了後世比丘們，當他們聽到這種生活時，可能會想效法它。」於是佛陀說：

> 說得好，迦葉，說得好！你是出於對世人的慈悲，為了許多人的快樂，以及為了人天的利益與福祉而如此生活。之後你繼續穿糞掃衣，托缽乞食，住在森林裡吧！(SN 16:1)

佛陀讚揚迦葉的離欲

佛陀也提到，大迦葉與在家人的關係是一種典範。當他去俗

人之家托缽或受邀時，他不會充滿渴望地想：「希望人們給我豐富與大量的東西！希望他們迅速與恭敬地給與！」他並沒有這些想法，而是保持離欲，就如月亮遠遠地放出柔和的光芒：

> 當迦葉去俗人之家時，他的心是無染、無貪與無著的。他寧可想：「讓那些想得利者得利！讓那些想得福者培福！」他對於別人得利感到高興與喜悅，就如自己得利一樣高興與喜悅。這樣的比丘適合去俗人之家。
> 當他說法時，不會爲了個人受認可與讚歎而做，而是爲了讓他們知道世尊的教法，好讓那些聞法者願意接受它，並如法修行。他是因爲教法殊勝與出於慈悲而說法。(意譯自 SN 16:33)

佛陀讚歎迦葉的禪定成就

迦葉的成就受到最大的認可，以及得到佛陀最高的讚歎，是來自於世尊說，只要迦葉願意就能隨其意願，達到四色定、四無色定與滅受想定，也能達到六神通，包括神變力與最高的涅槃果在內(SN 16:9)。

他強大的禪定成就，媲美佛陀，是大迦葉之心的顯著特徵。

就因為如此的深定，使他能自我調適，不受一切外在情況的影響，少欲、少事、少務。

在大迦葉保存於《長老偈》的偈頌中，他一再稱讚禪定的平靜。他是個從富足到豐盛的人，在未出家前，他是個財富與和諧都很富足的人；身為比丘，他則安住在豐盈的禪定經驗中，比在前世的梵天中更為進步。

在一些經文中，他表現得非常嚴肅，我們不應以此而認為他是生性刻薄的人。他有時會以嚴厲的話指責別人，如此做是為了教育的緣故，為了幫助他們。當我們看他和阿難之間的關係時，尤其應該了解這點。

第六章

與天神相遇

我們的資料記載了兩次迦葉與天神的相遇。之所以在此提出，是因為它們說明了他獨立的精神，以及保持苦行方式的決心，連來自更高層次眾生的恩惠也不接受。

天女拉雅來報恩

第一次是和年輕的天女拉雅（Lājā）。她記得自己能獲得天界的快樂，是因為前世在人間身為貧女時，抱著信心供養烘乾的米給大迦葉長老，並發願：「願我能分享你所見到的實相！」在她回家的路上，正回想自己的供養時，卻遭蛇咬死。她在一片大光明中，立即轉生三十三天。

這位天女記得此事，由於感恩而想回報大長老。她來到人間，幫大長老打掃房間與取水。在她連續三天如此做之後，長老在他的房間看見閃閃發光的她，詢問過後，便請她離開，他不希望未來的比丘批評他接受天神的服侍。

他的懇求並未有所幫助，天女非常悲傷地升到空中。佛陀知

道發生了什麼事，出現在天女前向她說明善行的價值，以此安慰她。但他也說，修持禁戒是迦葉的本分。❶

帝釋天來供養

另一個故事談到大迦葉住在畢缽離洞時，他進入一段七日未受干擾的禪定。七日後出定，他前往王舍城托缽乞食。

那時，五百位帝釋天的隨從天女，很想供養他食物。她們拿著準備好的食物接近長老，請求他眷顧她們而接受供養。然而，迦葉婉拒了，因為他想眷顧窮人，好讓他們能得到福報。她們數度懇求，但是，在他一再拒絕之後，終於失望地離去。

當帝釋天王聽到她們無功而返時，也很想親自去試試。為了避免遭拒，他化身為老織布工，當大迦葉接近時，便獻上米飯。當米飯被接受時，顯得異常芳香。

因此，大迦葉知道老織布工並非凡人，而是帝釋，他便指責這位天王：「你犯了大錯，憍尸迦(Kosiya)，你如此做將會剝奪窮人獲得福報的機會。別再做這種事了！」

「我們也需要福報，尊貴的迦葉！」帝釋回答：「我們也很需要福報啊！但我經由欺瞞而布施你食物是否有福報呢？」「你已得到福報，朋友。」於是帝釋在離開時，口誦莊嚴的優陀

那(udāna，即興語)：❷

　啊，布施，最高的布施！
　善贈於迦葉！

原註

❶ Dhp. Comy. (to v. 118)；BL, 2:265-67。
❷ Dhp. Comy. (to v. 56)；BL, 2:86-89。見 Ud. 3:7。

第七章

與同修比丘的關係

一個如大迦葉尊者這樣致力於禪修者，很難期待他能積極接受並訓練許多學生；事實上，藏經中提到他的學生也只有寥寥幾個而已。

與比丘眾說法

在少數記載迦葉對比丘們說法的經典之一，主題是關於高估個人的成就：

> 可能有比丘宣稱他已達到最高的阿羅漢果智，於是佛陀或有他心通的弟子，便來檢視與質問他。當他們質問他時，那比丘變得尷尬與惶惑。於是，質問者便知這比丘是出於我慢，高估了自己才會這麼說。
> 然後，在考慮原因之後，他了解到這位比丘已多聞、受持許多教法，而使得他宣稱被高估的成就為實相。洞見了這比丘的心之後，他了解到，這比丘仍受到五蓋所障蔽，並

半途而廢，其實他還有很多事該做。(AN 10:86)

迦葉和舍利弗的關係

除了少數幾例是大迦葉對不知名比丘或一群比丘談話之外，
經典只有記錄他和舍利弗與阿難的關係。

前世中的關係

根據《本生經》，在前世中，舍利弗曾兩度是迦葉的兒子(Jāt.
509, 515)，兩度是他的兄弟(Jāt. 326, 488)，還有一次他是迦
葉的孫子(Jāt. 450)，一次是朋友(Jāt. 525)。

在他的偈頌中，迦葉說曾看見上萬名梵天降臨人間，向舍利
弗禮敬，並讚歎他(Thag. 1082-1086)。❶

迦葉和舍利弗的兩次對話

大迦葉和舍利弗之間的兩次對話被記錄在〈迦葉相應〉
(*Kassapa Saṃyutta*)中。兩次都是在晚上，在禪定之後，舍利弗
去看大迦葉。

在第一部經中，舍利弗問：

「迦葉吾友！據說無慚與無愧者，不可能達到覺悟，不可能

證得涅槃，不可能達到最高的安穩，但有慚、有愧者，則可能達到這些成就。那麼差多遠，人不可能達到這些成就；又差多遠，人可能達到它們？」

舍利弗吾友！當比丘心想：「如果至今尚未生起的惡與不善法正在生起，這會爲我帶來傷害」，然後如果他並未生起慚與愧，那麼他就是無慚與無愧。當他心想：「如果現在未斷除已生起的惡與不善法，這會爲我帶來傷害」，或「如果未生的善法尚未生起，這會爲我帶來傷害」，或「如果已生起的善法正在消失，這會爲我帶來傷害」——如果在這些情況下他都沒有生起慚與愧，那麼他就是無慚與無愧。

如果無慚、無愧，他就不可能達到覺悟，不可能證得涅槃，不可能達到最高的安穩。但有慚、有愧的比丘（在那四種情況中，正精進者），則可能達到覺悟，可能證得涅槃，可能達到最高的安穩。(SN 16:2；節譯)

另一次，舍利弗問大迦葉，如來死後，是存在或不存在，或（在某種意義上）既存在又不存在，或既不存在也非不存在。針對各種情況，迦葉回答：

「世尊不說這些，爲什麼？因爲那既無利益，也不屬於根本梵行，因爲它不會導致離染、離欲、滅、安穩、正智、覺

悟與涅槃。」

「那麼，朋友，世尊說什麼呢？」

「這是苦——朋友！世尊如是說。這是苦集……苦滅……與
滅苦之道——朋友！世尊如是說。爲什麼？因爲它會帶來
利益，屬於根本梵行，因爲它會導致離染、離欲、滅、安
穩、正智、覺悟與涅槃。」(SN 16:12)

我們不明白舍利弗爲何會提出這些問題，對於阿羅漢來說，
那應該是十分清楚的。然而，這次對話不無可能是發生在迦
葉剛出家，尚未證得阿羅漢果時，而舍利弗是想要測試他了
解的程度；或這些問題是爲了其他有此疑惑的比丘而問。

迦葉和其他比丘的討論

《牛角林大經》(*Mahāgosiṇga Sutta*, MN 32)中，記載了由舍利
弗尊者帶領的一次團體討論，其中有大迦葉和其他幾位著名
的比丘一起參與。

當時，這些長老和佛陀一起住在牛角娑羅樹林，在某個明朗
的月夜下，去找舍利弗討論佛法。舍利弗說：「這個牛角娑
羅樹林如此清新可人，圓月當空，娑羅樹花茂盛，天香馥郁
流布四周。」

然後，他一一詢問在座傑出的長老——阿難、離婆多、阿那

律、大迦葉與大目犍連，哪種比丘會為這座牛角娑羅樹林增添光彩。和別人一樣，大迦葉根據自己的性格回答：

> 舍利弗吾友！若有比丘他自己是個林住者，並讚頌林住；他自己是個托缽乞食者，並讚頌托缽乞食；他自己是個穿糞掃衣者，並讚頌穿糞掃衣；他自己是個持三衣者，並讚嘆持三衣；他自己少欲、知足、離群、獨居，並讚嘆這些特質；他自己已經達到戒、定、慧、解脫與解脫知見，並讚嘆這些成就。這種比丘才能夠為這座牛角娑羅樹林增添光彩。

迦葉和阿難的關係

根據傳統的說法，大迦葉在前世與阿難尊者有很深的關係。

前世中的關係

阿難曾兩度是他的兄弟(Jāt. 488, 535)，一次是他兒子(Jāt. 450)，甚至有次是殺他兒子的凶手(Jāt. 540)，而在此世他是迦葉的學生(Vin. 1:92)。

阿難請迦葉為尼眾開示

在《迦葉相應》中，他們之間也有兩次對話。他們談話的主
題是關於實際的問題，而和舍利弗的談話，則多指向教理的
論點。

第一次（在SN 16:10中提到），阿難請迦葉陪他去尼眾道場。
但遭到迦葉拒絕，他請阿難自己去。可是阿難似乎很想請迦
葉為尼眾們開示佛法，於是再度提出請求，最後迦葉終於同
意前往。不過，結果似乎出乎阿難的預料之外。

在開示結束之後，偷羅低舍(Thullatissā)比丘尼高聲批評：
「迦葉大師怎麼能冒昧地在多聞聖者的阿難大師面前說法？這
就猶如賣針的小販想要賣針給製針者一樣。」顯然這位比丘
尼比較喜歡阿難溫和的教導，而非迦葉嚴厲甚至有些挑剔的
方式，那些方式可能會碰觸到她自己的弱點。

當迦葉聽到偷羅低舍的批評時，他問阿難：「怎麼回事？阿
難吾友！我是賣針的小販，而你是製針者，或我是製針者，
而你是賣針的小販呢？」

阿難回答：「尊者！請諒解，她是個愚蠢的女人。」

「當心，阿難吾友！僧伽可能會進一步審查你。怎麼回事？阿
難吾友！是你受世尊當著僧眾面前讚許，說：『比丘們！我
能隨意達到四色定、四無色定、滅受想定與六神通，而阿難
也同樣可以達成』嗎？」

「不，尊者！」

「或他曾說：『迦葉也同樣可以達成』？」

從上面這件事情可看出，迦葉尊者並不認為阿難調和的回答，足以應對當時的情況或完全公平的。偷羅低舍的批評顯露了她個人對阿難的貪著，他一直都受到女性喜愛，而他也曾強力支持建立比丘尼僧團。

偷羅低舍對阿難情感的連繫，無法被阿難一語帶過，因此迦葉以一種乍聽之下有點刺耳的方式回應：「當心，阿難吾友！僧伽可能會進一步審查你。」他希望以此警告阿難，避免過度涉入照顧尼眾，因為她們可能會變得太喜歡他，而引起別人對他的懷疑。

因此，迦葉的回答，應視為一位離欲阿羅漢對尚未達到究竟解脫者的誠摯建議。然後，迦葉立即強調，佛陀稱讚的是他自己的禪定成就，而非阿難的，這指出了兩位長老的心靈層次還差得很遠，以此激勵阿難努力到達那些成就。後來，偷羅低舍比丘尼便捨戒還俗了。①

迦葉指責阿難

大迦葉尊者與阿難之間的另一次對話，發生在下述場合（在 SN 16:11 提到）。有一次，阿難尊者和一群比丘一起去南山遊行。這次，有三十位阿難學生的最年輕僧侶，脫下僧袍還俗

了。阿難結束這次遊行後，回到王舍城並去見大迦葉尊者。
當禮敬他並坐下後，迦葉說：

「阿難吾友！是什麼原因，世尊會說不可有超過三位比丘，
在施主家托缽乞食？

「尊者！有三個原因：為了約束行為不端者；為了好比丘們
的福祉；以及為施主家考慮。」

「阿難吾友！那麼，你為何和那些飲食不知節制，又無正
念、正知的放逸年輕新戒比丘們去遊行呢？你的表現就好
像在踐踏穀糧；你似乎破壞了施主們的信心。❷你的徒眾
分崩離析，你的新人正在疏遠，你這年輕人真不知道自己
的分寸！」

「尊者！我的頭髮都灰白了，卻還不能免於被大迦葉尊者喚
做『年輕人』。」

但大迦葉尊者仍然重複他說過的話。
這件事本應就此結束，因為阿難並未否認這項指責，他反對
的只是大迦葉指責時傷人的方式。為了回應這項勸誡，阿難
也曾試圖讓學生更嚴謹地持戒。但是，這件事後來還是壞在
偷羅難陀比丘尼手裡，她和偷羅低舍都是比丘尼僧團裡的害
群之馬。

當偷羅難陀聽到阿難被大迦葉尊者稱作「年輕人」之時，義憤填膺地大聲抗議，說迦葉無權批評如阿難一樣睿智的比丘，因為迦葉過去曾是別派的沙門。偷羅難陀就這樣將僧伽事務，轉變成涉及誹謗的人身攻擊。因為從我們先前的陳述可以看出，迦葉原本是以獨立沙門的身分出家，而非別派的信徒。偷羅難陀就像任性的偷羅低舍一樣，很快地就捨戒還俗了。

當大迦葉尊者聽到偷羅低舍的言論時，他對阿難說：「偷羅難陀比丘尼所說的話鹵莽而輕率，因為我出家以後，除了世尊、阿羅漢、正覺者以外，沒有追隨過其他老師。」然後他提到他初次和佛陀相遇的故事。(SN 16:11)

原註

❶ 當舍利弗進入阿羅漢果定時，大迦葉尊者曾見到上萬名梵天眾禮敬舍利弗，他並說：「強力顯赫諸天神，如此上萬梵天眾，合掌恭敬禮敬彼睿智法將舍利弗，安住禪定大禪師：『敬禮彼，最優秀者，敬禮彼，無上尊者。汝之禪定深莫明，吾等咸嘆未能知。』」

❷ 他因缺乏正知行道，而毀了僧伽的「新糧」。他允許不持戒的年輕比丘們接觸施主，而讓後者不服。

譯註

① 偷羅低舍比丘尼是偷羅難陀比丘尼的妹妹，兩個人後來都因犯了波羅夷罪，而捨戒還俗。

第八章

佛陀般涅槃之後

接下來要說到的大迦葉尊者和阿難的關係，和佛陀般涅槃後，大迦葉尊者取得僧團領導地位密切相關。

佛陀入滅

佛陀入滅時，五個最重要的弟子當中，只有阿難與阿那律兩人在場。舍利弗與目犍連都已在那年提前入滅，而大迦葉和一群比丘們，正在從波婆城(Pāvā)前往拘尸那羅城(Kusinārā)的路上。

途中他走到路旁，坐在一棵樹下休息，那時正好有位裸形外道經過，手上拿著一莖據說只生長在天界的曼陀羅花。當大迦葉看到那朵花時，就知道有不尋常的事發生，所以它才會在人間被發現。他問沙門是否聽到任何關於他的老師——佛陀的消息，沙門告訴他：「喬達摩沙門已在七天前入涅槃，這朵曼陀羅花就是我從他去世的地方撿到的。」

迦葉召開第一次結集的因緣

在大迦葉那群比丘當中，只有阿羅漢們保持平靜與鎮定，其他還未解脫煩惱者都匍匐在地，哭泣與悲歎：「世尊太早般涅槃了！『世間之眼』太早從我們眼前消失了！」

然而，僧團中有位老年時才出家的須跋陀(Subhadda)比丘①，對他的夥伴們說：「夠了，朋友！勿悲傷、勿嘆息，我們終於擺脫大沙門了。我們一直被他的話困擾，他告訴我們：『這對你是適當的，那是不適當的。』現在我們可以做自己喜歡的事，無須再做不喜歡的事了。」

大迦葉尊者當時並未回應那些冷酷無情的話，可能是為了避免因為指責須跋陀比丘，或如他應得的令他還俗，而引發爭端。但我們稍後會看到，在佛陀荼毘後不久，大迦葉就針對此事，主張召集長老會議，以為後世子孫保存法與律。

然而現在，他只是勸比丘們不要哭泣，要記得諸行無常。然後，就和同伴們一起繼續向拘尸那羅城前進。

八分佛陀舍利

直到那時，拘尸那羅城的首長始終無法點燃佛陀葬禮的柴堆。阿那律尊者解釋，存在於當地的無形天人們想延遲葬

禮，直到大迦葉尊者趕來向大師遺體做最後禮敬為止。

當大迦葉尊者抵達時，他右繞柴堆三匝，雙手合十，恭敬地頂禮如來雙足。在他那群比丘們也隨之頂禮之後，柴堆竟然自行燃燒起來。

如來遺體火化是很難得的大事，對於如何分配舍利，在家眾與後來派遣使者來的人之間起了爭執。但大迦葉尊者避免捲入爭執，其他比丘如阿那律與阿難也是如此。最後，有位受人尊敬的頭那(Doṇa)婆羅門決定將舍利分成八份，平分給八個要求者。他自己則拿走裝舍利的容器。

召開第一次結集

大迦葉尊者將所分得的舍利拿給摩揭陀國的阿闍世王(Ajātasattu)，然後，就想到要保存佛陀的精神遺產——法與律。他會想到如此做，全是因為須跋陀挑戰僧團戒律與主張廢弛戒律。大迦葉以此為警惕，除非現在就訂下嚴謹的標準，否則未來將無從保存。

如果須跋陀的態度散佈開來——早在佛陀還在世時，就已有數群比丘抱持這種態度——僧團與教法都會迅速地衰敗與覆滅。為了防範於未然，大迦葉提議召集誦出法與律的長老大會，為後代子孫保存它們。❶

優波離誦出律藏，阿難誦出經藏

他將這建議轉達給聚集在王舍城的比丘們。比丘們都同意，並在他們的要求下，大迦葉選擇了五百位長老，他們全都是阿羅漢，唯一的例外者是阿難。

阿難的處境非常尷尬。由於他尚未達到究竟目標，因此不被允許參加集會；但由於他最擅長背誦佛陀的所有經典，所以又一定得出席。唯一解決的辦法，就是對他下最後通牒，一定得在結集開始前證得阿羅漢果。所幸他趕在會議開始前那晚完成，因此獲准成為第一次結集的五百人之一。當時其他比丘都已離開王舍城，前往參加集會。

會議進行的第一個項目——律，由律藏的第一專家優波離(Upāli)尊者誦出。第二個項目，編纂經典中的教法，是在大迦葉尊的質問下，由阿難誦出所有經文，後來被結集成「經藏」(Sutta Piṭaka)的五部②。

主張不可捨棄微細戒

最後討論的是，關於僧伽的特別事務。其中，阿難提到，在佛陀入滅前不久，曾同意捨棄微細戒。當阿難被問到是否曾問佛陀，這些微細戒是指什麼時，他承認忽略了這點。

如今在集會中，比丘們對於這件事表達各種意見。由於並未獲共識，大迦葉請與會大眾三思，如果斷然捨棄戒律，在家

眾與公眾會指責他們，佛陀一去世就急著放鬆戒律。因此，大迦葉建議應完整保存戒律，無有例外，最後就做成這樣的決定。

在主持一次結集後，原本就受到高度尊敬的大迦葉尊者，地位更形提昇，而被視為僧伽的實質領袖。最主要是因為他相當資深，是當時存活最久的弟子之一。❷

之後，大迦葉將佛陀的缽傳給阿難，作為忠實保存佛法的象徵。因此，一般認為大迦葉是僧團中最有價值的接班人，而他則選擇阿難為繼他之後最有價值的人。

遺體禪坐雞足山中

在巴利文獻中，沒有關於大迦葉去世時間與環境的記載，但在梵文史書裡的「法之大師」中，根據北傳佛教，提供了一個大長老奇特的結局。❸根據這個記載，在第一次結集之後，大迦葉了解到自己已完成使命，並決定般涅槃。他傳法給阿難，對聖地做最後禮拜後，就進入王舍城。

他想要通知阿闍世王自己即將入滅，但國王正在睡覺，迦葉不希望吵醒他。於是單獨爬上雞足(Kukkaṭapāda)山頂，盤腿坐在岩洞中，並決定要保持身體完整，等到未來佛彌勒出世。大迦葉要將喬達摩佛的袈裟——世尊在他們首次見面時

親手贈予的那件糞掃衣，親手交給彌勒。然後，迦葉進入究竟涅槃，或根據另一種說法——入滅盡定③。此時大地震動，天人散花在他身上，山則闔起將他包在裡面。

不久之後，阿闍世王與阿難去雞足山要看大迦葉。山開啟一部分，大迦葉的身體呈現在他們面前。國王想要將它火化，但阿難告訴他，迦葉的身體必須保持完整，直到彌勒出世。然後山又再度闔起，將阿闍世王與阿難隔離在外。

中國佛教傳統標示雞足山的位置是在中國西南，中國有許多傳說都記載，有虔誠比丘前往朝山，歷經艱難，就是要一睹在等待未來佛出世的迦葉禪坐遺體。

原註

❶ 第一次結集記載於Vin. 2:284ff。

❷ 雖然註釋說，大迦葉在第一次結集時是一百二十歲，但是，這說法很難取信於人，因為這意味著他比佛陀要大上四十歲，在他們第一次見面時，他已是七十五歲的老人了。

❸ 這段歷史完整重現在《阿育王傳》(Aśokāvadāna)中，並在《天業譬喻》(Divyāvadāna)與其他作品中，包括對應於《相應部》(SN)的北傳梵文本的《雜阿含經》(Saṃyuktāgama)均有節錄。此處摘要是根據拉莫特(Etienne Lamotte)的《印度佛教史》(History of Indian Buddhism)，pp.206-207。雖然來源使用梵文，但為了和本傳記其餘部分取得一致，我們使用巴利語的對照語。

譯註

① 根據《善見律》、《長部‧大般涅槃經》中所說，這位比丘是老年出家的須跋陀。在

《五分律》、《四分律》、《長阿含·遊行經》中，說他是六群比丘之一的釋種跋難陀。此外，《十誦律》等，只說是老年出家不懂事的摩訶羅比丘。

② 五部：即《長部》、《中部》、《相應部》、《增支部》、《小部》。

③ 滅盡定：或譯為「滅受想定」。在此定中，心與心所之流完全暫時中止，是只有已獲得一切色定、無色定的不還者與阿羅漢，才能獲得的定。

第九章

大迦葉的偈頌

在《長老偈》中，有四十頌(Thag. 1051-1090)歸於大迦葉尊者。這些偈頌反映了大長老的一些特質與德性：他的苦行習性與少欲知足；他對自己與同修比丘的嚴格；他的獨立精神與自主；他對獨居與遠離人群的喜愛；他對禪修與定境的投入。這些偈頌也顯示出長行文章中未呈現的事：他對周遭自然之美的敏感度。

這裡只選錄部分偈頌，我們讀到的幾乎全都是萊絲・大衛斯(C.A.F. Rhys Davids)與諾曼(K. R. Norman)的翻譯。❶

少欲知足，樂於苦行

首先，是勸誡比丘對比丘生活的四種基本資具，要練習少欲知足：❷

　我從山居走下來，
　進入城市行乞食。

行禮如儀見一人，
痲瘋患者正進食。

滿手鱗癬與病狀，
將一勺食布施我。
於彼置食入缽時，
一指掉落於其中。

我於牆角坐下來，
享用他布施之食，
吃時以及結束後，
我無絲毫厭惡感。

殘羹剩飯以爲食，
難聞尿液爲醫藥，
露天樹下爲住所，
以糞掃布爲衣服：
專精於此諸事者，
山河大地皆其家。❸ (Thag. 1054-1057)

攀爬山岩，離欲修禪定

當迦葉被問到，為什麼在年邁時，仍每天上下攀爬岩石，他
回答：

> 高山巨岩陡峭坡，
> 有人攀爬極費力，
> 以神通力迦葉升，
> 正念正知佛之子。

> 每日托缽回住處，
> 爬上高聳之山岩，
> 迦葉離欲修禪定，
> 恐懼戰慄皆捨棄。

> 每日托缽回住處，
> 爬上高聳之山岩，
> 迦葉離欲修禪定，
> 熄滅熾燃之貪欲。

> 每日托缽回住處，

爬上高聳之山岩，

迦葉離欲修禪定，

所作皆辦已漏盡。　(Thag. 1058-1061)

樹花雲彩，於山岩心喜悅

人們又問大迦葉尊者，為什麼以他的年紀，還想要住在森林
與山上。難道不喜歡竹林精舍或其他城裡的寺院嗎？

迦利樹花星羅布，

我於此區心喜悅：

象聲迴響實可愛，

此山岩令我欣喜。

湛藍雲彩之色光，

流泉淙淙清且涼，

赤色甲蟲覆其上：

此山岩令我欣喜。

湛藍雲峰如寶塔，

如有尖頂之高樓，

象聲迴響實可愛，
此山岩令我欣喜。

於我足矣欲修禪，
於我足矣堅且覺，
於我足矣比丘身，
堅定欲求究竟果。❹

於我足矣欲安樂，
具堅定心之比丘。
於我足矣欲精進，
堅定心之安穩者。

彼如亞麻之藍花，
如覆雲彩之秋空，
且有鳥群許多種：
此山岩令我欣喜。

無俗人群訪此山，
唯有在地之鹿群，
且有鳥群許多種：

此山岩令我欣喜。

清水流過寬峽谷，
鹿與猴群常出沒，
苔蘚溼毯覆其上：
此山岩令我欣喜。

五部合奏之音樂
無法給我這般喜
如從一心之所得
我獲佛法之正智。　(Thag. 1062-1071)

超越三界，苦行第一

在接下來的偈頌中，大迦葉尊者發出他自己的「獅子吼」：

盡此佛土之範圍，
除了大聖本人外，
我是苦行第一者：
無人堪與我相比。❺

大師已受我服侍，
佛陀教法已完成。
沈重負擔已放下，
後有之根已拔除。❻

喬達摩不執無數
於衣於住或於食。
彼無染如淨蓮華，
超越三界向出離。

四念處為彼頸項，
大聖具信為彼手，
其上彼眉圓滿智，
熄滅諸欲明行足①。　(Thag. 1087-1090)

原註

❶ 《長老偈》的英譯本：(1) *Psalms of the Brethren.* Trans. C. A. F. Rhys Davids. PTS, 1913. (2) *Elders' Verses*, vol. 1. Trans. by K. R. Norman. PTS, 1969.

❷ 這些偈頌的引介語是援引自《長老偈註》。

❸ 直譯為「真正是四方之人」，即無論他找到什麼地方可住，都可以從中得到滿足。

❹ 本句巴利文為Alam me atthakāmassa. 由於大迦葉已達到究竟果，亦即阿羅漢果，因此他的偈頌必須被詮釋為大力勸進他人，或指他想進入涅槃的直接禪定經驗。

❺ 我們在此發現巴利藏經文獻裡，少數提到「佛土」概念的一例。

❻ 這首偈頌是通用的，在目犍連的偈頌中也曾出現過。

譯註

① 明行足：佛陀的十種德號之一，意指具足明與行。「明」是指等天眼明、宿命明、
漏盡明等三明；「行」是指戒律儀、防護諸根之門、食物知量、努力醒覺、信、
慚、愧、多聞、精進、念、慧、色界四種禪，共有十五種聖弟子趨向涅槃的法行。
由於明具足，一切智圓滿；由於行具足，大悲圓滿。

第二部

佛法司庫
阿難

何慕斯・海克／撰

第一章

阿難的個人道路

在所有隨侍佛陀的大比丘中，阿難尊者在許多方面都佔有一席獨特的地位。

出家與學法

阿難的獨特地位早在出生前就已開始。根據傳統說法，他和佛陀都是從兜率天降世，並在同一天出生在同一個釋迦貴族的武士（即剎帝利）階級。他的父親甘露飯王(Amitodana)，是佛陀父親淨飯王(Suddhodana)的兄弟，因此兩人是堂兄弟，他們一起在釋迦國的首都迦毗羅衛城(Kapilavatthu)長大。甘露飯王也是另一位大弟子阿那律的父親，但可能是和不同的妻子所生。

當阿難三十七歲時，便和阿那律、提婆達多與其他許多釋迦貴族子弟，一起加入佛陀的比丘僧團。阿羅漢毘羅吒師子(BelatthasIsa)是他的老師，教導他比丘戒。阿難證明他自己是個積極與精進的學生，他在第一次雨安居期間，就達到入流

果(Vin. 2:183)。

後來他告訴同修比丘們，「說法第一」的富樓那彌多羅尼子
(Puṇṇa Mantāniputta)尊者，在修行期間對他幫助很大。富樓
那教導新進比丘佛法，對於五蘊與「我」的關係有深入的解
說(SN 22:83)。當阿難在聆聽富樓那說法時，他愈來愈深入洞
見五蘊無常、苦與無我的本質。一旦觀慧成熟，他便突破至
入流的道與果。

阿難一直都滿足於比丘生活。他已進入解脫道，了解出家之
福，那是和志同道合夥伴同行的一種喜悅。在比丘生活的第
一年裡，阿難完全沈浸在自淨其意的喜悅中。他輕易地就融
入僧團，並逐漸培養出愈來愈強的彈性與心智力量。

做為侍者的八項要求

當佛陀與阿難都五十五歲時，佛陀召集一次比丘會議，並
說：「在我領導僧團二十年中，曾有過許多侍者，但沒有一
個完全適任，他們一再顯露出一些任性來。現在我五十五歲
了，需要有個值得信賴與可靠的侍者。」所有聖弟子們立刻
表態，但佛陀都沒接受他們。於是大比丘們都看著謙虛退讓
的阿難，請他承當。

由於阿難身為比丘的表現無懈可擊，阿難似乎注定要擔任這

個角色。當被問到為什麼只有他未表態時,他回答佛陀最清楚誰最適合擔任他的侍者。佛陀對他很有信心,所以他才未表達意願,雖然他也很想成為大師的侍者。

於是佛陀宣布,對他來說最適合的人選就是阿難。阿難對於能雀屏中選並未感到驕傲,反而要求八件事。

前四件在性質上是否定的:

第一、大師絕對不可贈予他衣服;

第二、大師絕對不可將得到的食物分給他;

第三、大師絕對不可將得到的住處賜予他;

第四、大師絕對不可將他納入任何私人邀請之列(例如說法的場合,或要應供時。)

另外四件是肯定的:

第五、如果他受邀應供,他要求能將邀請轉給佛陀;

第六、如果有人自遠方來,他要求有權引導他們去見佛陀;

第七、如果對於佛法有任何疑惑或問題,他要求有權在任何時候釐清它們;

第八、如果佛陀在他缺席的情況下開示,他要求有權私下為他重說一次。

阿難解釋,如果他未提出前四種情況,人們可能會說他接受侍者職位,是為了親近大師以貪圖物質享受。而如果未表達後四種情況,人們會說他在履行職務之時,並未注意到精進

道業。

佛陀對於這些合理的請求全都答應，因為它們都是如法的。
從那時起，阿難就一直擔任侍者隨侍在側，佐理世尊達二十
五年。

歷二十五年，不斷增上修行

在這段期間，他還是和先前十八年是沒沒無名時的弟子一
樣，不停努力追求解脫。他說他自己：

經歷二十五年整，

我不斷增上修行，

世間欲念未曾生：

洞見最勝之佛法。

經歷二十五年整，

我不斷增上修行，

世間瞋念未曾生：

洞見最勝之佛法。 (Thag. 1039-1040)

偈頌中提到的二十五年，就是他擔任佛陀侍者那段時期，而

非整個比丘生涯。在這段時期，雖然他還是「有學」❶——
一個不斷增上的修行者，心中無有貪念與瞋念；這暗示著，
他和佛陀的密切關係，以及對佛陀的虔誠奉獻，都和自己的
解脫無關。只有這樣的人，才能勝任這職位，做為隨侍佛陀
的侍者。

原註

❶ 有學(sekha)：直譯為「有學」或「學人」，是指已達到入流、一來與不來等前三聖果
的弟子。

第二章

阿難的聲望

在巴利藏經中,出現許多次對阿難的讚歎。

擅長說法的老師

例如,有一次薩羅國(Kosala)的波斯匿王(Pasenadi)會見阿難尊者,並詢問他正確身、語、意行的標準。阿難以一貫的穎慧回答,國王聽了很高興,就送他一件貴重的衣服。之後,阿難向世尊稟報這次會面,於是佛陀對全體比丘大眾說:

> 比丘們!這是拘薩羅國波斯匿王的收穫,他很幸運能得到
> 會見與供養阿難的機會。(MN 88)

阿難是個擅長說法的老師,因此在佛陀覺得自己身體不適的場合,會毫不遲疑地請他代替,此事發生在迦毗羅衛城佛陀與釋迦族的親屬之間。

當釋迦族要啟用一間新別墅時,他們邀請佛陀與比丘們在那

裡度過首夜，為那個地方祝福。佛陀在那裡說法許多個夜晚，然後對阿難說：「阿難！對釋迦族人說弟子修道的進階訓練。我背痛，需要休息一下。」

於是，阿難對行者的完整修行做了詳細的說明，從基本的戒律到究竟的阿羅漢果智。當結束時，佛陀站起來說：「善哉，阿難，善哉！你已針對聲聞的進階訓練，為釋迦族做了一次傑出的開示。」

好幾次阿難說法時，佛陀並不在場。習慣上，佛陀有時會先做一段簡短而扼要的開示，然後就起身回房，似乎要讓比丘們自行梳理出他話中的意義。這時，比丘們會去找博學多聞的長老，請他們詳細解釋佛陀謎樣的談話。

通常他們會先去找「論議第一」的大迦旃延尊者，如果他不在，就會去找阿難，「因為阿難尊者受大師與睿智道友們的讚歎」。然後，阿難就會完整地解釋佛陀開示，事後比丘們會將阿難的話告知佛陀。佛陀總是會說：

> 比丘們！阿難是智者，深入法義。如果你們問我這件事，我的回答將會和阿難一樣，就是那個意思，你們應將它牢記在心。(見SN 35:116, 117; AN 10:115)

「法」的活化身

阿難通達「法」的程度，佛陀甚至稱他為「法」的活化身。
有一次，一個在家弟子問佛陀，在他對「佛」與「僧」禮敬
後，他應如何禮敬「法」——當時「法」尚未被記錄在書籍
中。佛陀回答：「善男子！如果你想禮敬『法』，就去禮敬佛
法司庫——阿難。」

於是，在家弟子邀請阿難應供，並供養他一疋貴重的布料。
阿難將它獻給舍利弗，舍利弗則又轉獻給佛陀，因為只有他
才是諸福之因(Jāt. 296)。

另一次，阿難回答完佛陀的問題而離開之後，佛陀告訴其他
比丘：

> 阿難雖然還是個有學者，但要找到智慧和他一樣相同者，
> 並不容易。(AN 3:78)

在世尊般涅槃前不久，他說：

> 就像剎帝利、婆羅門、吠舍與沙門見到轉輪聖王很歡喜，
> 比丘、比丘尼、優婆塞與優婆夷對阿難也是如此。如果有
> 四眾之一去見阿難，單是他的風采，就會帶給他們喜悅。

當他說法時，他們則會因為他的話而喜悅。當阿難恢復靜
默時，他們則猶嫌不足。(DN 16)

沒有敵人的人

鑑於如此眾多的讚譽與欣賞，不難想像阿難背後所遭遇的嫉
妒與憎恨一定也不少，不過事實並非如此，因為阿難是個沒
有敵人的人。這樣稀有的好事絕非偶然，他在許多前世就已
是如此。阿難畢生對佛法的投入如此徹底，名聲根本無法觸
及他或令他驕傲。

他知道這些好處都是拜佛法之賜，秉持這樣的態度，他的內
心毫無驕傲與自滿。不驕傲的人沒有敵人，也不會遭人嫉
妒。如果有人如阿難同父異母兄弟阿那律，避開一切社交而
完全轉向內在，那麼沒有敵人就很容易。

但阿難夾在佛陀與他的眾多信徒之間，經常將自己暴露在心
胸狹隘者的敵意與憎恨之下。因此，他沒有敵人、對手、衝
突與緊張的生活，可說是近乎奇蹟。這真的是阿難獨一無二
的特質。

受到同修比丘告誡或批評的例子

雖然阿難也曾遭到善意的批評，或偶爾受到告誡，但那是截然不同的兩回事。為了改變個人的行為，友善的提醒或警告，或甚至是實質的責備，都有助於達到更高的淨化。

如果認真看待，這種批評將能帶來更多內在的清明，以及他人更高的尊敬。但阿難受到告誡的例子，大多是社會行為或戒律的小細節。它們很少觸及自我淨化的事，以及他對法義的理解。茲舉例如下。

不得為自己烹煮

有一次，當佛陀深為胃脹氣所苦時，阿難為他煮稀飯，之前這麼做都有效。

佛陀告誡他：「對沙門來說，不宜在屋裡準備食物。」在此事之後，佛陀便制定一條比丘不得為自己烹煮的戒(Vin. 1:210-11)。阿難從那時起便謹遵此戒，因為他完全了解對於真實出家而言它的必要性。

去村莊須著三衣

有一次，阿難去托鉢時未穿僧伽梨(saṅghātī)。同修比丘提醒他注意佛陀所制的戒，比丘去村莊時一定得穿三衣。阿難衷

心接受，並解釋他只是忘了。由於這兩件事，都和簡單的戒律有關，因此很快就解決了(Vin. 1:298)。

如阿難這樣擁有最傑出記憶力的人，還是可能忘記一些事，那是因為入流者仍不圓滿的緣故。然而，佛陀要求比丘們要時時專注於日常生活中的小細節，因為更高的精進修行就是建立在這樣的戒律基礎上。這有助於消除純粹智力上的理解與我慢。

須注意他人貪著於己的危險

另一種針對阿難的批評，是大迦葉尊者所作的兩個例子。

有一次，阿難請迦葉陪他去尼眾道場為比丘尼開示。起初迦葉有些遲疑，後來還是同意了。當開示結束時，一位任性的比丘尼責怪迦葉作了所有談話，而未讓阿難說一句話。她說那就猶如賣針的小販想賣針給製針的人一樣。

阿難乞求迦葉原諒她，但迦葉回答，阿難應有所約束，否則僧伽就會開會檢討他的行為(SN 16:10)。迦葉希望這次責備能提醒阿難，在他熱衷於教導比丘尼佛法時，別忽略了個人貪著的危險。這個批評無疑對阿難的未來很有幫助。

須照顧新出家者的道心

第二件事發生在佛陀入滅後不久，三十位阿難的弟子捨戒還

俗時。迦葉責備阿難並未照顧好這些年輕人。他和他們一起去遊行，而他們當時都仍無法自制，飲食無度，缺乏正念、正知。因此，迦葉說他是個「踐踏新糧，破壞施主信心，徒眾正在分崩離析者」。最後，迦葉說：「這個年輕人真是不知道他自己的分寸。」❶

對這個更為嚴厲的指責，阿難只是回答他頭上都已長出灰髮，而迦葉卻還稱他為「年輕人」。也許在這情況中，阿難高估了自己的能力，而低估弟子們的世俗習氣。阿難並沒有為自己辯護，畢竟他還不是阿羅漢，仍有些煩惱習氣，他只是對批評的方式有些意見。

然而，如迦葉這樣的阿羅漢，一定知道何種批評形式對阿難最有幫助。無論如何，迦葉在這兩個例子中責備阿難，都是出於對他的關愛，他們之間一直都維持著絕佳的關係。

須注意自己的覺悟

另一個優陀夷(Udāyī)比丘，曾批評阿難如下。

阿難曾問世尊，他的聲音會在宇宙中傳多遠。世尊回答，諸佛是不可測度的，可以傳得比一千世界（含一千日、一千天、一千梵界）遠，甚至比三千世界更遠。他們可以放光穿越那一切世界，和聲音一起到達住在那裡的所有眾生。

阿難對於這樣的描述感到很高興，它無所不攝並超越一切層

面，他因此叫道：「我真幸運，有個如此具大勢力的無上師！」優陀夷駁斥他：「阿難吾友，你的大師具大勢力，與你何干？」

這些話是個嚴厲的指控：阿難一直都只看到佛陀個人，而忽略了他的真實利益——自己的覺悟。佛陀立即站在阿難這邊，說：

> 不是這樣，優陀夷，不是這樣，優陀夷！如果阿難未得完全解脫就死了，因為他心的清淨，他會七次成為天王，或七次成為南贍部洲之王。但是，優陀夷！阿難會在此世就證得究竟解脫。(AN 3:80)

佛陀在阿難面前作這樣的預言，顯示對他的信心。佛陀知道阿難並不會因為對佛語的廣大知識，而疏於修行。這番話也顯示出佛陀發現，藉由安慰阿難的努力與精進，來保護他免於自責或他人的責備是有效的，將能為阿難在此世帶來最高的成就。如來只有在一個人表現得非常誠懇而非輕忽時，才會如此宣示。

佛陀對阿難的告誡

佛陀主動對阿難的告誡只有一次，也是最重要的。❷

應避免耽溺於閒談

佛陀指示阿難去監督給比丘們做衣服的布料分配，阿難圓滿地完成這項任務。佛陀稱讚他很謹慎，並告訴其他比丘阿難很會縫衣服，他會作好幾種縫邊。對好的比丘來說，為衣服縫邊有其必要，這樣它們才不會從邊緣磨損，能使他免於遭到粗心毀損施主供養的指控(Vin. 1:287)。

之後，當佛陀住在他的故鄉附近時，他看見寺院裡準備了許多席位，就問阿難是否有許多比丘住在那裡。阿難證實這點，並補充說：「世尊！現在是準備我們衣服的時候。」

在此阿難是針對佛陀的指示，一個比丘應妥善照顧自己的衣服。然而，阿難似乎安排某種形式的裁縫班，以教導同修比丘們這項受到讚揚的裁縫技藝，可能因此才有共同的夜間裁縫時間。

阿難並未考慮到，這會演變成如家庭聚會般的談話時間，比丘們可能因而耽溺於閒談①。唯恐比丘落入世俗社交的危險，因此佛陀對此作了嚴正的聲明：

喜歡社交，或在夥伴關係中得到喜悅或滿足，或喜歡親密，或因而高興，這種比丘不應受到讚歎。受讚歎的比丘，應隨其意願達到出離的喜悅、獨居的喜悅、平靜的喜悅與覺醒的喜悅，但在群聚時，這是無法成辦的。

凡是樂於社交者，都無法達到只有在獨居時才能獲得的喜悅。即使那樣的人能入定，成就也是不穩固的，很容易就動搖與失去。對於喜好夥伴關係的人而言，要達到究竟解脫可說是困難重重。因此，佛陀在結束勸誡時說，任何一個執取的對象，都會因為它內在的無常而造成痛苦。這是「法」的普遍性。

佛陀接著對阿難詳說修行之道。因為阿難具有深厚的定根，所以佛陀沒有提到八正道的前七項，而是從第八項的正定開始。他在此詳細解釋最高目標──滅受想定，並強調只有在獨處中，藉由努力調心才可能達到這目標。

陶壺的比喻

我們可以說佛陀利用事實的與個人的這兩種方法，幫助阿難一次徹底斬斷剩餘的世俗習氣。最後他以這比喻作為結論：

因此，阿難！為了你長遠的利益與快樂，要對我抱持善

意，而非敵意。我不會像陶工對待未燒製的陶胚般對待
你。我會對你反覆勸誡，阿難，反覆考驗。只要是夠健全
的人，就能經得起考驗。

如果有人看過《犍陀羅本生》(*Gandhāra Jataka*, Jāt. 406)，就
會比較容易了解這個比喻，它談到阿難的過去世。

他曾經是個國王，後來放棄王位出家，菩薩也是如此。有一
天，第一位沙門——未來的阿難，被人發現儲存少量調味的
食鹽，那違反沙門清貧的規定。

菩薩指責他說：「你已放棄王國的一切財富，但現在又開始
儲存食物。」這個沙門因此不悅。他回答，一個人不該以責
備的方式傷害另一個人；不該以粗暴的言語責備，猶如以鈍
刀去切割東西。

菩薩回答：「朋友之間說話，不應像陶工處理未燒製的脆弱
陶胚。朋友應可以責備，因為只有透過反覆勸誡與持續建設
性的批評，才能給予對方陶土燒製後的堅硬度。」聽完之
後，這個沙門請求菩薩原諒，並懇請他出於慈悲，持續地引
導他。

因為陶器在當時是常見的商品，陶壺的比喻在那個時代是易
於了解的，它暗指敏感度與需要小心處理。因為陶工拿陶胚
土壺時，需要小心翼翼地用雙手捧著，以防破掉。然後，在

過火之後，他會反覆測試它，看看是否有瑕疵或裂痕等，並只有在燒製良好的情況下，才會使用它。他會一再輕敲它，直到聲音通過測試為止。同樣地，只有健全的人——具有傑出特質者，才能達到阿羅漢的道與果。

在那個過去世中，菩薩的責備很有成效，它引領阿難——那個沙門——到達梵界。這一次，在他們的最後世中，它也很有成效，因為阿難高興地接受批評，虛心、認真地對待它，並遵循它，直到達到完全滅苦為止。

原註

❶ SN 16:11。見本書第一部‧第七章〈與同修比丘的關係〉，頁97-99。迦葉稱阿難為「年輕人」這件事，似乎和註釋傳統裡稱阿難和佛陀同一天出生的說法矛盾；果真如此，他當時已經是個八十歲的老人，不太需要指著幾根灰白的頭髮，證明他自己不再年輕。

❷ 接下來的內容摘錄自MN 122。見《大空經》(*The Greater Discourses on Voidness*, BPS, Wheel No. 87, 1982)。

譯註

① 在《清淨道論》有列舉三十二種「無用的談論」，例如食物論、床室論、女論、男論、世俗學說等，比丘談論這些會妨礙修行。而比丘可以談論的有十種事，例如少欲、知足、遠離煩惱、無著、精勤、戒、定、慧、解脫、解脫知見。

第三章

佛陀的侍者

樹立阿難名聲的德行之一,是他擔任佛陀的侍者。佛陀曾說他是所有侍者中最優秀的,是曾擔任這職務的比丘眾中的第一人(AN 1, chap. 14)。

如影隨形的侍者

事實上,「侍者」一詞並不足以完全表現阿難尊者的職位。諸如「秘書」或「助理」的稱謂,都無法表現他的隨侍,以及在許多細節上輔佐世尊最親密的面向;而「僕人」一詞,則太強調附屬的涵意,而忽略組織與指導的面向,並遺漏親密的面向。

在《長老偈》裡他的三首偈頌中(Thag. 1041-1043),阿難總結他在佛陀最後三分之一人生中服侍他的方式:

> 二十五年我侍佛,
>
> 以敬愛行善服侍,

如影隨形不曾離。

　　二十五年我侍佛，
　　以敬愛語善服侍，
　　如影隨形不曾離。

　　二十五年我侍佛，
　　以敬愛意善服侍，
　　如影隨形不曾離。

如果從世上的文獻來看，在經常伴隨偉人的密友中，沒有任
何人能和阿難相比。長期以來，他對大師無微不至的照顧，
可列舉如下：阿難幫佛陀打水洗臉，並拿齒木給他刷牙；為
他敷座；幫他洗腳；按摩他的背；幫他搧風；打掃他的寮
房，以及縫補他的衣服。

晚上阿難就睡在附近，以便隨時候傳；他陪佛陀巡視寺院
(Vin. 1:294)；在會議之後，檢查是否有比丘遺留東西。他為
佛陀傳達訊息(Vin. 2:125)，並召集比丘，甚至有時是在半夜
(Jāt. 148)。

當佛陀生病時，他為他拿藥。有次同修比丘們忽略了一個患
重病的比丘，佛陀與阿難一起為他清洗，並將他帶往療養處

(Vin. 1:301-2)。阿難就這樣執行許多日常的工作，猶如好母親或關心的妻子一樣，妥善照顧他覺悟堂兄的身體健康。

佛陀與大眾溝通的橋樑

此外，他也是個好秘書，幫助佛陀和數千名比丘順利溝通。他和舍利弗與目犍連一起，試著找出並解決團體中會出現人際關係的種種問題。例如憍賞彌(Kosambī)地區比丘們的爭執(AN 4:241)，以及提婆達多所造成的僧團分裂(Ud. 5:8; Vin. 2:199 ff.)。

阿難在澄清疑慮與維持秩序上，扮演重要的角色。他經常是比丘們的中間人，安排他們會見佛陀，或將佛陀的話帶去給其他教派的成員。他不拒絕任何人，因為他覺得自己是橋樑，而非障礙。

有好幾次，比丘們大聲喧譁，佛陀請阿難去了解原因。阿難總是能完整地解釋，佛陀之後便據以採取適當的措施(MN 67; Ud. 3:3; Vin. 4:129)。這三次中的最後一次很重要。在佛陀授意下，阿難召集喧譁的比丘大眾，責備他們的行為，並遣散他們。之後，這群人就各自隱居，並努力淨化自己的心，結果在雨安居結束時，所有的人都達到三明❶。

於是佛陀再次召集他們，當他們來到佛陀面前時，他正安住

在不動定❷中。比丘們了解佛陀禪定的深度，便坐下來入於相同的禪定，就這樣度過當晚的前四小時——真正「問候」聖者的適合方式。之後，阿難起來請佛陀歡迎已到達的比丘們，但因為他們都在不動定中，所以沒有人聽到他的話。

又過了四個小時，阿難再次請求，回答他的依然是一片靜默。第三次，黎明時，阿難又起來在佛陀前面頂禮，合掌請佛陀歡迎比丘們。這時佛陀才出定，並回答阿難：

> 阿難，如果你能了解我們的心，就會知道我們都已進入不動定中，聽不到任何話語。(Ud. 3:3)

由此事可以看出，阿難擁有堅持不懈的耐心，但也有他的限制。這件事發生以後，可能促使阿難下定決心，無論有多少工作，他仍一次次地禪修。傳統經典上提到兩次，他問佛陀適合他獨處修行的禪修主題。一次，世尊告訴他，專注於五蘊(SN 22:158)，另一次，則是觀六內處①(SN 35:86)。

在阿難為別人請求佛陀的許多事中，下面的事值得一提：當耆利摩難陀(Girimānanda)與頗勒具那(Phagguna)比丘生病時，阿難請世尊去探病，並為他們說法打氣(AN 10:60, 6:58)。此外，在給孤獨長者建議下，請佛陀在祇園精舍立塔的也是阿難(Jāt. 479)。

過去世的協調能力

以這種種方式，阿難的表現堪稱是兼具父性與母性的熱心比丘。他在組織、協調與安排方面的能力，從前就已展示過。在過去世的經歷之中，他曾以類似的方式輔佐過帝釋天王。在少數幾個提到阿難過去世在天界與梵界的例子裡，他都扮演帝釋主要的幫手與助理；特別是作天界的御者摩多利(Mātali，計有四例，Jāt. 31, 469, 535, 541)，或天界的工神毘首羯磨(Vissakamma, Jāt. 489)，或雨神波純提(Pajjunna, Jāt. 75)，或樂神般遮翼(Pañcasikha, Jāt. 450)。

願自我犧牲的熱情

特別值得一提的是，阿難願自我犧牲。當提婆達多放野象要殺害佛陀時，阿難奮不顧身地擋在佛陀身前，寧可犧牲自己也不願佛陀被殺或受傷。佛陀三次請他回來，他都不從。只有當世尊以神通力移開他時，才使他打消犧牲的念頭(Jāt. 533)。

阿難的這個舉動，讓他的名聲更加遠播。佛陀告訴其他比丘，阿難在過去世就已有過四次犧牲自己的意願。在遙遠過去世身為在菩薩身邊的動物──天鵝(Jāt. 502, 533, 534)或羚羊

(Jāt. 501)，當時菩薩被困在陷阱裡。

在另一個例子中，菩薩先為猴子母親犧牲自己，然後是阿難 (Jāt. 222)。在其他三個記載的例子，阿難在他的前世中，透過細心與技巧拯救菩薩的生命。

這些故事凸顯了阿難的美德，以及他和佛陀之間由來已久的關係。

原註

❶ 「三明」即指天眼明、宿命明、漏盡明。

❷ 不動定(Āneñja-samādhi)。註釋書：這是通往阿羅漢果的禪定，建立在第四禪與無色定上。

譯註

① 六內處是指眼根、耳根、鼻根、舌根、身根、意根等六根。

第四章

佛法司庫

具足五種特質的弟子

在佛陀宣佈的傑出弟子當中，阿難尊者是唯一在五種特質上被宣佈為傑出者。其他比丘都只擅長一種，或有兩位比丘擅長兩種，但阿難是被宣佈為五種特質皆第一的比丘弟子：

一、多聞者，即通曉很多佛陀的開示者；

二、具念者，即具有良好記憶（正念）者；

三、正行者，即精通教法秩序者；

四、堅定者，即在研究等各方面皆堅定者；

五、佛陀的侍者。

五種特質皆源於正念

如果我們仔細看便會了解，這五種特質皆源於正念。正念是心的力量與憶念的力量——統理回憶與觀念。它是隨時能運用心的功能，隨其意願，作它的主人。

簡而言之，正念是謹慎、守紀、自制、控制與自律。狹義來

說，正念是記憶的能力，阿難的這項能力已到達驚人的程度。他能立即記住一切事情，即使只聽過一次。他能正確無誤地重複佛陀的開示到六萬字，而不會遺漏任何一個音節；他能誦出一萬五千首佛陀的四句偈。

有人能做到這種程度，聽起來可能會讓人覺得很不可思議。但我們記憶會如此有限，是因為心早已塞滿了千百件無用的事，使得我們無法掌握記憶。佛陀曾說，我們忘記事情唯一的原因是五蓋——貪欲、瞋恚、昏眠、掉悔與疑(AN 5:193)，或其中之一。

因為阿難是「有學」，所以能隨意放下這些障礙，並完全專注在所聽聞的事情上。因為他不為自己求任何事，所以能毫不遲疑或扭曲地吸收開示，正確地整理它們，知道如何歸類，在不同的表達方式中認出共同的元素，並像自信的、熟練的戶籍人員，能在黑暗的記憶迴廊中找到他的路。❶

從大師的口出生

這所有因素都歸入「多聞」的特質中。在這意義下，多聞者已拋開固執，成為能容納實相的容器。他既已聽聞許多實相，這意味著他已去除自身所有的非實相。

這種人是「從大師的口出生」，是真實的修行者，因為他讓自己被佛陀的教法所塑造。因此，多聞者是最謙虛與最認真擁

護實相的人，一切好的事都記在心裡，並根據它們來行動，他將這歸因於從老師那裡聽來的「法」，而不會說是自己的能力。這種人是真正謙虛的。

多聞與修心的特質，被稱為阿難五種特別能力裡的第一種，根據記載，他的所有弟子也都博學多聞(SN 14:15)。但佛陀說，在這方面很難找到和阿難一樣的人(AN 3:78)。當舍利弗問阿難，哪種比丘能為牛角娑羅樹林增添光彩時，❷他這麼回答：

> 有比丘是多聞者，他記得所聽聞的，並珍惜它們。對於那些初、中、後皆善，以及以正確方式口耳相傳完全清淨梵行的教法，這一切他都廣學多聞，謹記在心，並藉由口誦的方式讓自己熟悉，以他的心檢視，並以正見徹底洞察。他對四眾聽者說法，以完整、局部或契理契機的方式，導引他們究竟斷除潛伏的煩惱。(MN 32)

第二種特質——正念(sati)，在此意味著內心保留聽到的開示，以及它們對自我探究的應用。

第三種特質——趣(gati)，不同譯者有不同的解釋，但根據古代註釋，它是指察覺開示的內在關連與連貫性的能力。阿難能做到這點，因為他非常了解相關教法的意義與重要性，以

及其言外之意。因此，即使他的念誦被問題打斷，仍能從中斷處接著念誦下去。

第四個特質——堅定(dhiti)，是指他對研究工作，及記憶、念誦佛陀話語，還有隨侍佛陀，都能精進且不屈不撓地奉獻。

第五也是最後一個特質，是完美的侍者，如先前所述。

佛法司庫

這五種特質合在一起，使阿難在僧團中取得特殊職位「佛法司庫」（dhamma-bhaṇḍāgārika，亦有「佛法守護者」之意）的資格。在政府組織裡，bhaṇḍāgārika 是庫藏官——負責貯藏、保存、守護與分配國家財富者。如果庫藏官不適當、不負責任，政府的稅收就會減少，國家也會陷入破產與災難之中。如果庫藏官是精明的，國家財富就能被明智地運用，國家也會享有繁榮與太平。

全世間之眼

在佛陀的教說中，財富就是佛法，以及教說的弘傳、久住，特別是在佛陀般涅槃後，這些教法需要被細心地保存，以及忠實地傳遞給後代子孫。因此，佛法司庫的角色非常重要，持有的人藉由在世上完整地保存佛陀教法，就能理直氣壯地

自稱為「全世間之眼」：

若有人想了解法，

彼應求助於此人，

具多聞之持法者，

佛陀睿智之弟子。

具多聞之持法者，

大覺寶藏守護者，

彼是全世間之眼，

應禮敬具多聞者。　(Thag. 1030-1031)

在選擇阿難為他教說的守護者時，佛陀選擇了一個人格特質
完全符合這職位需求的人。藉由廣學多聞，阿難完美地接收
了四十五年來佛陀所傳的各種教法。藉由驚人的記憶力，他
將它們一字不差地保留在心中。藉由敏銳的秩序感，他能以
正確的順序忠實地保存它們，並以符合佛陀本意的方式解釋
其結構。藉由堅定，他一直非常努力，且弟子們在他的管教
下，也都能接收完整的教法並正確地修行，然後再輾轉傳給
他們的弟子。

在佛教傳統中，佛陀的教法共有八萬四千個「法蘊」(dham-
makkhandha)，在一首偈頌之中，阿難宣稱自己已經完全接收

它們：

> 從佛接收八萬二，
> 再從比丘收兩千，
> 共八萬四千法蘊，
> 啓動佛陀之法輪。　(Thag. 1024)

眾人的楷範

因為他在隨侍佛陀的比丘裡的關鍵地位，阿難自然成為受人
矚目的焦點，使得他必須面對許多人。對所有來親近他的人
來說，他在許多方面都是楷範，包括：他清淨的行為；他對
佛陀與僧團無怨無悔的關心；他堅定的友誼；他的耐心；他
隨時都準備幫助別人。

一些潛在的衝突，只要有他在甚至不會發生，如果真的發生
也會受他影響而緩和與解決。阿難是個沒有敵人的人，透過
他所示範的身教與言教，帶給別人強烈而深遠的影響。他身
為佛陀忠實伴侶的形象，尤其給當時的人留下深刻的印象。

阿難永遠都能掌握情況，就如國王對事務擁有最高超的理解
力。由於他的謹慎，他因而能處理、安排佛陀和僧團的所有
日常事務。透過傑出的記憶力，他能從經驗來學習，永遠不
會重複同樣的錯誤，而多數人由於缺乏記憶力，總是一再地

犯錯。

因此，他很會認人，雖然只見過一次面，他還是能應對得當，不會讓人有受到敷衍的印象。他的慎重，自然而然符合事實的情況，以致所有理性的人都會同意他。

原註

❶ 即使在今日的緬甸，仍然有比丘能背誦出整部大藏經，計有四十五大冊之多。

❷ 見巴利佛典【佛陀的聖弟子傳】(1)《佛法大將舍利弗・神通大師目犍連》，頁107-108。

第五章

阿難對女性的態度

因為他自然的仁愛與慈悲胸懷，阿難對於四眾弟子的福利特別關心，不只對比丘與優婆塞，同時也對比丘尼與優婆夷。

促成建立比丘尼僧團

事實上，如果沒有阿難，可能只會有三種弟子，根據律藏記載，他是促成建立比丘尼僧團的人(Vin. 2:253; AN 8:51)。

佛陀三度拒絕姨母的請求

當許多釋迦貴族陸續在他們傑出同族的座下捨俗出家時，他們的妻子、姐妹與女兒，也紛紛地表達要在佛陀座下出家的想法。

許多釋迦族的女子，在佛陀的姨母摩訶波闍波提‧瞿曇彌(Mahāpajāpatī Gotamī)的帶領下，去找佛陀，請他成立比丘尼僧團。摩訶波闍波提三次提出請求，但佛陀三次都回答：「別急，瞿曇彌！女人不應於如來法律信樂出家，棄家學

道。」①

佛陀結束在迦毗羅衛城的停留後，於比丘眾的陪同下，前往數百哩外的吠舍離(Vesālī)。摩訶波闍波提和幾位釋迦族女跟隨在後。抵達目的地後，她站在精舍外，「雙足腫大，四肢蒙塵，滿臉淚水，並不斷哭泣」。阿難看見她這個樣子，便詢問她悲傷的理由，她回答是因為佛陀三度拒絕她建立比丘尼僧團的請求。❶

阿難請求佛陀允許女人出家

阿難出於同情，決定為摩訶波闍波提求情。他去找大師，並三度重複她的請求，但每次都被佛陀擋下：「別急，阿難！女人不應於如來法律信樂出家，棄家學道。」於是阿難決定使用間接的方式。他問佛陀：「女人如果於如來法律信樂出家，棄家學道，是否能得入流果、一來果、不來果或阿羅漢果呢？」

佛陀證實這點。於是阿難換個方式提出請求：「如果女人可以辦到這點，更何況摩訶波闍波提‧瞿曇彌曾給予世尊很大的幫助：她是他的姨母、家庭老師與保母，在他的母親死後以自己的奶水餵養他。因此，如果世尊能允許女人於如來法律信樂出家，棄家學道就太好了。」

阿難在此提出兩個論點。他的訴求是：

第一、女人在僧團中也能達到最高聖果，成為阿羅漢，這目標在世俗生活中很難達到。

第二、他提出非常個人的因素，摩訶波闍波提在佛陀幼年時曾給他很大的恩惠，如今那是他幫助姨母獲得究竟解脫的一個好理由。為了回應這些論點，佛陀同意建立比丘尼僧團，並隨之提出一些預防措施與規定。

佛陀制定「八敬法」

從這件事有人可能會認為，需要有阿難的聰明論點與熱心堅持，才能改變佛陀的心意。但正覺者的心意是不可能被改變的，因為他一直都活在究竟實相中。

在此發生的事，一切諸佛都曾遇到過，因為他們都建立過比丘尼僧團。這整件事並非為了阻止女性建立分支僧團，而是為了藉由這樣的遲疑，強調蘊藏於其中的危險訊息。

為了這個緣故，佛陀制定了「八敬法」②，那是非常挑剔的，只有最適合的女人才會同意遵守它們。它們也盡可能在最審慎的態度下，要求僧團中的兩性要分開。儘管如此，世尊還是宣佈，因為建立比丘尼僧團，正法只能維持五百年，而非原來的一千年。❷

為比丘尼之師的資格

在佛陀宣佈比丘尼的戒規後，阿難問他比丘作為比丘尼老師的資格。佛陀並未回答他必須是阿羅漢，而是指出八個實際而具體的條件，如阿難等人雖然並非阿羅漢，也可能擁有這些條件。這八個條件是：

第一、比丘尼的老師必須是正直的；

第二、他必須擁有佛法的廣博知識；

第三、他必須熟悉戒律，尤其是比丘尼戒；

第四、他必須是個善演說者，具備和藹可親與流利的表達能力，發音正確並能清楚地傳達法義；

第五、他應該能以啟發、激勵以及鼓舞的方式，教導比丘尼佛法；

第六、他必須一直都受比丘尼歡迎，並受她們喜愛。也就是她們必須是尊敬、敬重他的，不只是當他稱讚她們時，甚至是在她們受責備的情況下，猶能如此；

第七、他和比丘尼永遠不可有淫行；

第八、他必須是受具戒至少二十年的佛教比丘(AN 8:52)。

阿難幫助女眾所遭遇的麻煩

由於阿難曾幫助女眾建立比丘尼僧團，他當然也想幫助她們

在聖道上更進一步，這也為他帶來一些麻煩。

對心生貪愛的比丘尼說法

在兩個缺乏正當理由的情況下，有比丘尼為他挺身而出，向大迦葉尊者抗議。❸這兩位比丘尼後來都捨戒還俗，由此顯示出，她們已不再能和老師阿難，繼續維持必要的客觀與純淨的心靈關係。

更極端的是，在憍賞彌(Kosambī)某位不知名比丘尼的例子。她因為生病而派人傳話找阿難，請他來探病。事實上，她是愛上阿難，想要誘惑他，但阿難泰然自若地完全掌握情況。

在對她的開示中，他解釋這個身體是由滋養、渴愛與我慢而生，但人們能以這三者為淨化的方法。

被滋養所支持，人們可以超越滋養；被渴愛所支持，人們可以超越渴愛；被我慢所支持，人們可以超越我慢。比丘捨棄這些滋養，將能幫助他過清淨的生活；藉由希求清淨的支持，他能昇華渴愛；而我慢則激勵他往前到達別人已達到的境界——滅除一切煩惱。以如此的方式，他就能在適當的時候，超越滋養、渴愛與我慢。

但是，還有第四個身體出生的因——性交，那是完全不同的事，佛陀稱它是破壞通往涅槃之橋的原因，它絕對不可能被昇華為成聖之道。

這位比丘尼聽完開示之後,便從床上起身,頂禮阿難,懺悔自己的罪過,並請求原諒。阿難接受她的懺悔,並說在僧團中承認自己的過錯,並從此之後自我克制是有益的(AN 4:159)。這件事是個絕佳的例子,我們看到阿難契理契機說法的精湛技巧。

協助皇宮恢復平靜

另一件發生的事和波斯匿王的妻妾有關。雖然她們很想學習佛法,但卻無法去寺院聽佛陀開示。身為國王的女人,她們猶如籠中鳥般被限制在後宮,對她們來說這實在很不幸。

於是她們便去找國王,請他要求佛陀派遣一位比丘來宮中教導她們佛法。國王同意了,便問妻妾們比較喜歡哪位比丘。她們相互交換意見後,一致要求國王去請佛法司庫——阿難,來教導她們。世尊答應國王提出的要求,從那時起,阿難便定期去教導這些女人佛法(Vin. 4:157-58)。

在這段期間裡的某一天,皇冠上的一顆珠寶被偷了。搜遍了每個地方,女人們為了此事感到非常煩心,因此不像從前一樣專心與積極地學習。阿難問明原因後,出於慈悲,他便去找國王,建議他召集所有的嫌疑者,給他們機會悄悄地還回珠寶。

他請人在宮中的庭院搭起一個帳篷,在裡面放一大壺水,並

讓每個人單獨進去。結果，珠寶竊賊單獨在帳篷裡，將珠寶丟入壺中。因此，國王取回財產，竊賊也免受懲罰，宮中又重新恢復平靜。這件事提昇了阿難的聲望，也更提昇了釋迦族比丘的聲望。比丘們稱讚阿難，因為他透過溫和的方法，讓事情恢復平靜(Jāt. 92)。

請佛陀給予的最後教誡

在佛陀入滅前不久，阿難問了他一個關於女人的問題：

「我們應該如何和女人相處，世尊？」
「不要看她們。」
「但如果我們看到了呢，世尊？」
「不要對她說話。」
「但如果她和我們說話呢？」
「保持正念與自制。」(DN 16)

這個問題是阿難看到佛陀即將入滅時提出的，就在準備葬禮之前。因此對他來說，這問題一定很重要。他自己並無須練習自制，因為他已克服性欲二十五年了。但他一次次看見兩性關係的問題如何激起狂亂的情緒，並在和年輕比丘們的討

論中，他一定從旁得知，他們要超越欲愛，過完全清淨無瑕的梵行生活，是多麼困難。

他或許也謹記佛陀曾對建立比丘尼僧團，將危害正法延續所作的警告，因此可能希望將佛陀對於這議題的最後教誡，給予當時的人與後續者。

原註

❶ 佛陀似乎並未完全拒絕摩訶波闍波提‧瞿曇彌，他也許只是想測試她的決心。因為在那個時代，對貴族女人來說，出家住在森林裡過著艱苦的生活，並以乞食維生，是很困難的。

❷ 註釋書與其他後來的佛教著作，都嘗試解釋佛陀的這項聲明，這樣它才不會和五百年後佛教繼續存在的事實相抵觸。

❸ 參見本書第一部‧第七章〈與同修比丘的關係〉，頁96-99。

譯註

① 見《佛說瞿曇彌記果經》，《大正藏》卷一，頁856a。

② 八敬法：這是佛陀規定比丘尼應恭敬、尊重比丘的八件要事。包括：（一）百歲比丘尼應禮初夏受比丘足。（二）不罵比丘、不謗比丘。（三）比丘尼不得舉比丘過，比丘得舉比丘尼過。（四）比丘尼具足戒，須在二部僧中受。（五）比丘尼犯僧殘罪，應在二部僧中懺除。（六）每半月須求比丘教誡。（七）不與比丘同住一處夏安居，也不得遠離比丘住處夏安居。（八）安居圓滿，應求比丘為比丘尼作見、聞、疑罪的三種自恣。

第六章

阿難與同修比丘

在所有的比丘當中，舍利弗尊者是阿難最親密的朋友。阿難和他的異母兄弟阿那律的關係，似乎反而沒有那麼密切，因為後者喜歡獨居，而阿難則喜歡人群。舍利弗是和佛陀最相像的一位弟子，阿難可以用和佛陀說話的相同方式，和舍利弗交談。

與舍利弗的友誼

值得我們注意的是，在所有的比丘當中，只有舍利弗與阿難兩人得到佛陀親授的尊號：舍利弗被稱做為「佛法大將」(dhammasenāpati)，而阿難則被稱之為「佛法司庫」(dhammabhaṇḍāgārika)。在此我們可以看到他們互補的角色。舍利弗，猶如獅子，是主動出擊的老師，而阿難則比較像保護者與庫藏官。在某些方面，阿難的方法更像目犍連的，目犍連的個性也是像慈母般與守成的。

阿難與舍利弗經常如團隊般一起工作。他們曾兩度拜訪生病

的在家施主給孤獨長者(MN 143; SN 55:26)，並處理憍賞彌地區比丘們的爭執(AN 4:241)。他們彼此也有許多佛法上的討論，彼此的友誼如此密切，因此當舍利弗般涅槃時，阿難所有的禪定訓練都派不上用場，感覺就如墮入深淵一般：

四方八面皆黯淡，

教法於我漸模糊；

吾之聖友確已逝，

一切皆沒入黑暗。　(Thag. 1034)

因為噩耗的衝擊，他的身體感覺像虛脫了，甚至佛法的支持在那一刻也似乎棄他而去。於是佛陀便安慰他，思惟舍利弗是否從他身上取走了他的戒、定、慧、解脫與解脫知見。阿難不得不承認，這些最重要的事都不曾改變，又說舍利弗曾是他和其他人非常有益的夥伴與朋友。

再次，佛陀以過去一直教導的──凡有生必有滅，來提醒阿難，而將這對話導引到更高的層次。對其他弟子來說，舍利弗之死就如大樹失去主幹一樣，但這應該只是被當作「以自己為島嶼，以自己為皈依處，不要尋求外在的皈依」的另一個理由才是(SN 47:13)。

勸導鵬耆舍比丘放下愛欲

阿難和其他弟子們的許多討論都有記載下來,但這裡只能提
到一些。

有一天,鵬耆舍(Vaṇgīsa)尊者陪阿難去王宮,教導後宮女人
佛法。鵬耆舍個性上似乎有強烈的愛欲傾向,當他看見宮中
嚴飾的美女時,心中便充滿愛欲。突然覺得持之已久的比丘
獨身生活,就如鉛塊一樣壓得他喘不過氣來,還俗與縱欲的
想法如排山倒海般襲來。

當他們私下交談時,鵬耆舍向阿難解釋自己的困境,並請求
他協助與引導。由於鵬耆舍是僧伽中詩文第一者,他以阿難
的族名喬達摩稱呼他,並以偈頌說:

> 我被愛欲所燃燒,
> 吾心全被火吞沒。
> 教我如何熄滅它,
> 出於慈悲喬達摩。

於是阿難也以偈頌回答:

> 此是緣於顛倒想,

汝心才被火吞沒，
轉移美麗之淨相，
愛欲所繫之面向。

觀五蘊身如陌路，
視彼為苦而非我。
熄滅強大欲之火；
切莫一再引燃它。

當修不淨之禪觀，
制心一處善調伏；
將心安住身念處，
全神貫注於離染。

當修無相之禪觀，
拋棄我慢之習氣，
於是藉由破我慢，
汝將重獲安穩心。　(SN 8:4; Thag. 1223-1226)

阿難向鵬耆舍指出，他因為執著女性魅力的表相，所以才會
不斷為愛欲添補燃料。迷戀美色會導致失落感，心表現出厭

倦，而厭棄出家生活。

因此，鵬耆舍必須冷靜地思惟那些看似美麗與可愛的事物，
他必須以禪觀的解剖刀切開身體，進入迷人的表相底下，看
看隱藏於其中的不淨與痛苦。以這個方式，欲望便會消退，
他就能從世俗欲樂的誘惑中，堅定不屈地站起來。

幫助闡那比丘證得入流果

闡那(Channa)比丘因對佛法有疑惑而苦惱。佛陀在世時，他
就已經很頑固、任性而難以調伏，世尊般涅槃後，他更是充
滿焦慮感。

雖然他謙虛地從其他比丘處尋求指導，但仍不滿意自己的進
步。他能了解五蘊無常，但當思惟無我時，就會停滯不前，
因為害怕涅槃會毀了這個寶貴的自我，因此他來聽取阿難的
建議。

阿難先對闡那已能放鬆固執，認真地想了解佛法，表示他的
喜悅。闡那很高興，並專心聆聽阿難解釋佛陀對迦旃延氏
(Kaccānagotta)比丘的開示(SN 12:15)，開示主題是超越有邊與
無邊。

聽完阿難的解釋之後，闡那便達到入流的道與果。因此，他高興地大叫，能有像老師一樣這麼睿智的朋友真是太好了。他終於得以安住在「法」上了(SN 22:90)。

第七章

與佛陀的對話

佛陀與阿難為指導別人而對話

如果有人將佛經視為無聲、和諧的討論「法」的對話，那麼整部經藏事實上都是由阿難與佛陀的對話所組成。佛陀開示時，阿難總是在場，只有少數不在場的情況，事後佛陀都會為他再重述一次。❶

佛陀經常對阿難提出教法的問題，目的是為了阿難的心靈成長，或針對在場所有比丘而說。對於聽者而言，當兩位專家在相互討論某個主題時，總是比獨自一人說話更有激勵作用。因此，許多佛陀與阿難之間的對話，都是為了指導別人而說的。

佛陀解釋阿難的提問

有幾次，當佛陀來到某處時，他會藉由微笑，創造開示的特殊機會。阿難知道正覺者不會無故微笑，立刻就了解到事有

蹊蹺，便會詢問佛陀為何微笑。於是，佛陀便詳細解釋過去發生在該處的一個本生故事。❷

對話之中，由阿難尊者提出問題的次數，遠多於佛陀。例如，阿難問哪種香氣不同於綻放的花朵，而會逆風傳送。答案是：歸依三寶、持戒與布施者的戒香(AN 3:79)。

另一次，阿難問在僧團中如何才能活得快樂。答案是：如果他自己持戒，但不責怪別人不持戒；如果他注意的是自己，而非別人；如果他不擔心沒沒無聞；如果他能輕易地達到初禪至第四禪；最後，如果他能成為阿羅漢。因此，到達聖者之道的第一步，是不批評別人或注意別人，只要求自己(AN 5:106)。

阿難問：「什麼是戒的目的與功德？」

佛陀回答：「為了免於自責與罪惡感，以及擁有正知。」

阿難又進一步問：「什麼是正知的目的與功德？」

佛陀回答：「它能在善念與善行中得到喜悅，在進步中感到快樂，並為進一步的努力鋪路。」

「那會導致什麼結果？」

「他將體會到內心的至樂，趨入善與圓滿的喜悅，並因此產生深定與慧。」(AN 10:1)

阿難就這樣問了許多佛法的觀點。

佛陀指正阿難的見解

有時阿難會向佛陀報告自己的一些見解讓世尊指正，世尊會接受或指正它們。

例如有次他去找佛陀，說：「依我之見，世尊！善知識佔了梵行的一半。」沒想到竟遭到佛陀反對：「別這麼說，阿難！清淨的善知識不只佔了梵行的一半，而是梵行的全部！」因為如果他們不是以佛陀為最佳的善知識，為他們指出正道，那麼那些梵行會是什麼模樣呢？(SN 45:2)

阿難最著名的言論，應該是他在《大緣經》(*Mahānidāna Suttanta*, DN 15)中的開場白：「世尊，緣起甚深，但對我來說，它卻顯得再清楚不過。」再次，遭到佛陀反對：「不是這樣，阿難，不是這樣！這個緣起的本質與外表都甚深，它真的難以洞見。由於眾生不了解與洞見這個原則，因此才被困在生死輪迴中，找不到解脫的方法。」然後佛陀以各種角度為阿難解釋緣起。

佛陀以譬喻為阿難解說佛法

有一次，阿難看見一個弓箭手表演特殊的技法。他告訴佛陀這令他印象非常深刻——由於阿難來自武士階級，原本就偏

好這類武藝表演。佛陀便以譬喻因勢利導，而說了解、洞見四聖諦，比用一枝箭射穿頭髮七次更難(SN 56:45)。

另一個記載說，阿難有次看見佛陀的一個弟子——著名的婆羅門生聞(Jāṇussoṇi)，獨自駕駛他閃亮的白馬車。他聽到人們大聲讚歎，說那馬車是所有馬車裡最漂亮的。阿難向佛陀報告此事，並問他根據佛法，人們如何描述最佳的馬車。佛陀使用許多譬喻，詳細解釋通往涅槃的車乘：

> 信與慧是拉車的動物，慚愧是煞車，智是韁繩，正念是車伕，戒是瓔珞，禪定是車軸，精進是車輪，平等心是車轅，出離是底座；慈愛、不害與獨處是武器，忍辱則是它的盔甲。(SN 45:4)

原註

❶ 但佛陀有很多開示顯然並未被記錄下來，例如，他詳細地解說了許多次的「次第論」；在他最後那段日子，也有許多次只有標題被提到。

❷ 有關於此的例子，出現在 MN 81, MN 83, AN 5:180，以及 Jāt. 440。

第八章

阿難的前世

須摩那鳩摩羅發願成為侍者

阿難是在過去十萬劫前蓮華上佛座下，發願成為大弟子。❶
蓮華上佛是住在漢沙瓦底(Haṃsavatī)王城的難陀王之子，其
弟是須摩那鳩摩羅(Sumanakumāra)太子，統治一片其父賜封
的采邑。

有一次，蓮華上佛和十萬名比丘隨從住在首都時，須摩那鳩
摩羅奉父親之命前往邊境平亂。當返回首都時，父親要封賞
他，他選擇邀請佛陀與僧伽到自己的城市，在三個月的雨安
居期間供養他們。

太子對佛陀的侍者須摩那(Sumana)比丘印象非常深刻，在安
居期間特別仔細觀察他。三個月結束時，他虔誠供養佛陀與
僧伽一切資具，頂禮佛足，並將功德回向發願，希望未來能
在一位正等正覺者座下成為其侍者。佛陀觀察未來而告訴
他，他的願望會在未來十萬劫後喬達摩佛的教團中實現。據
說從那天起，須摩那鳩摩羅就感覺到，他已手持衣缽走在喬

達摩佛的身後。

本生故事中的阿難

在本生故事中，我們經常發現阿難早期化身的重要特色。在
這些故事中，最引人注目的是阿難和菩薩——未來佛陀之間
非常密切的關係。他通常是菩薩的兄弟、兒子、父親、助
手、同僚或朋友。在此所舉前世的三個例子，強調他自己圓
滿德行所作的努力。完整檢視他的前世可以看出，他只有幾
次是天神或動物，大多數是人。相形之下，阿那律幾乎都是
天神，而提婆達多則經常是動物。

放下欲望的國王，成為梵天

阿難與菩薩是出生於賤民階級的堂兄弟，他們在煙燻惡臭的
地方工作。為了避免受人輕視，他們偽裝成年輕的婆羅門，
去德迦尸羅(Takkasilā)的大學學習。後來身分被識破，遭到同
學的痛打，一位睿智而善良的人出面阻止，並建議他們出家
成為沙門。

他們遵從這建議，但由於欺騙的惡業，命終後轉生為一隻雌
鹿的後代，牠們形影不離，最後一起死在獵人的箭下。在下
一世中，牠們成為鷹，並再次被獵人射殺。

自此之後，他們低於人道的轉生便結束了。阿難轉生為王子，菩薩則是皇家教士的兒子。從世俗的眼光來看，阿難的地位較高，但菩薩則天賦異稟；他能記得上述全部三世，而阿難則只記得他身為賤民那一世。

菩薩在十六歲時，成為精進修行的沙門，而阿難則成為國王。之後，菩薩去拜訪國王，他讚歎出家之樂，並解釋世俗生活的不圓滿（苦）。阿難承認他了解這點，但仍無法放下欲望，他的執著就如大象深陷在沼澤中。

因此，菩薩建議他，即使身為國王也能持戒，例如，可免收不公平的稅金，並支持沙門與教士。反之，當他情欲高漲時，他應想到母親：在他身為嬰兒完全無助時，若無母親的照顧，他永遠無法成為國王。於是，阿難下定決心成為沙門，後來兩人都達到梵界的成就。(Jāt. 498)

一錢國王，出家為沙門

菩薩雖然生為貧窮的勞工，卻努力維持布薩。❷由於這個善果，他轉生為國王。阿難在他的王國中，是個貧窮的運水工，所有的財產只有一個錢幣而已，他將它藏在某處的一塊石頭下。

當人們在城裡舉行節慶時，運水工的妻子勸他好好享受，並問他是否有錢，他說有一個錢幣，但遠在十二哩外。她請他

去拿，並說她自己也存了一樣的金額，他們可以用那些錢購買花、香與飲料。阿難頂著正午的酷熱出發，期待歡度節慶。當經過王宮庭院時，口中唱著歌，國王看見了，就問他為什麼如此高興。他回答因為被熱切的欲望所驅使，並未注意到天氣炎熱，並說出自己的故事。

國王問他寶藏有多少：是十萬件嗎？當他最後得知只有一個錢幣時，他大聲說阿難不該頂著酷暑走路，他會給他相同的錢幣。阿難回答，他很感謝，因為如此就有兩個錢幣了。

於是國王給他兩個錢幣，但阿難說他仍會取回自己的錢幣。國王激動起來，便提高贈予到百萬，甚至總督的職位，但阿難仍不放棄自己的錢幣。只有當國王將一半的王國分給他時，他才同意。這王國便一分為二，而阿難則被稱為「一錢國王」。

有一天，這兩個國王去打獵。當他們累了時，菩薩將頭靠在朋友的膝上，就睡著了。這時阿難竟想殺死國王而獨吞天下，正要拔劍時，想到自己原本只是個鄉巴佬，蒙受國王隆恩，竟會生起如此的邪念。於是又收劍入鞘，但那欲望卻一再地生起。

一想到這個難以遏制的想法，可能會讓自己做出蠢事，於是他拋開劍，搖醒國王，頂禮他並請求原諒。菩薩原諒他，並說阿難可擁有整個王國，他會滿足於作阿難的總督。但阿難

說他已打消權力欲望，想要出家成為沙門。他已看到欲望的因，以及它如何增長，如今想將它徹底根除。之後他去喜馬拉雅山禪修，而菩薩則繼續留在世間。(Jāt. 421)

貪婪的國王，成為菩薩盟友

菩薩是波羅奈國(Benares)正直的國王，他修持王德：布施、持戒，並遵守布薩日。那時有個大臣不斷想染指後宮的妃子，當被逮捕時，仁慈的國王赦免他的死刑，只是放逐他，並准許他帶著家眷與財富同行。之後，這位大臣遷往鄰國王宮，成為國王的心腹，他告訴國王可以輕易佔領波羅奈，因為那國王太仁慈了。

但鄰國的國王阿難很懷疑，因為他相當清楚波羅奈國的權勢與力量。這個大臣建議他可以破壞波羅奈國的一個村莊做實驗，如果有人被逮捕，國王甚至可能酬賞罪犯。果不其然，當搶匪被帶到菩薩面前並哭訴他們是迫於飢餓時，國王竟發錢給他們。

這使阿難相信奸臣的話是真的，於是便出兵波羅奈。菩薩軍隊的主將希望保護王國，但菩薩說他不想成為傷害他人的因。如果其他國王想要波羅奈國，他便會送給他。於是他讓阿難逮捕他，並關入牢裡。

菩薩在獄中對貪婪的國王阿難修慈悲觀，此時阿難正陷入狂

熱與罪惡感的陷阱中。最後阿難請求菩薩原諒，並歸還王國，發誓永遠作他的盟友。菩薩重回王座，並對大臣們說不害的功德與福報，他說因為和侵略者保持和平，數百人得以免於戰死沙場。然後，他放棄王位，出家成為沙門，並達到梵界的成就。而阿難，則繼續當國王。(Jāt. 282)

原註

❶ 此事出自《增支部‧是第一品》(AN comy. to *Etadaggavagga*)的註釋。

❷ 布薩日是特殊的宗教儀式，大布薩是在陰曆的滿月與新月日舉行，此時比丘們合誦別解脫戒，在家佛教徒則誦另外的戒，聆聽開示，並修禪。小布薩則在兩個半月日舉行。此事記載於：AN 8:20; Ud. 5:5; Vin. 2:236-37。

第九章

佛陀最後的日子

凸顯阿難與佛陀之間的關係最重要的一部經是《大涅槃經》
(*Mahāparinibbāna Sutta*, DN 16)——佛陀最後那段日子與般涅
槃的記錄。❶

這些記錄傳達了一種特殊的分離情感，那對阿難來說尤其痛
苦。那也是佛法衰微的第一個小徵兆，隨著距離佛陀的年代
愈來愈遠，它會逐漸消失，直到一位新的佛陀出世為止。

這整部經的主旨，是勸人要把握時機，修行佛法。它再度反
映了阿難的完整性格，因此我們將跟著它的腳步前進，強調
以阿難為主的那些段落。

佛陀拯救跋耆族

這部經的第一節是從摩揭陀國的首都王舍城開始，七年前提
婆達多試圖分裂僧團，結果失敗。阿闍世王仍統治著摩揭陀
國，波斯匿王剛被推翻，釋迦族面臨悲慘的結局，阿難的許
多近親都被殺害。

那時，三個著名的剎帝利族——拘利族(Koliyas)、末羅族
(Mallas)與跋耆族(Vajjians)，住在靠近喜馬拉雅山區的恆河北
方，他們都獨立於阿闍世王之外。阿闍世王想要滅掉跋耆
族，將其土地併入日益茁壯的帝國中。

佛陀無法阻止那些未進入僧團的釋迦族人被消滅，他們有自
己的業報要償還，但他幫助了跋耆族，後來也間接幫助了末
羅族。這是佛陀晚年時，外部的「政治」背景。此事的細
節，詳述如下。

跋耆族能繼續存在的七項特質

阿闍世王命令大臣禹舍(Vassakāra)去找佛陀，宣佈想入侵跋耆
族的企圖。禹舍來傳達訊息時，阿難尊者就站在佛陀背後為
他搖扇。佛陀轉向阿難，問了他七個關於跋耆族生活方式與
情況的問題。

阿難回答，跋耆族經常召開集會並和諧地商議；不會毀棄已
制定的國法；遵從長老的訓言；不會強姦婦女；尊敬寺廟與
聖地；不會撤回對道場的布施；對於一切阿羅漢與沙門都給
予保護與護持。

佛陀說，以這七項特質，人們可以預期跋耆族會興盛，而非
衰亡。佛陀先前曾給他們這七項規定。禹舍回答，這七個特
質中的任何一項，都足以確保此族的繼續存在，只要跋耆族

能繼續遵守，國王就不可能征服他們，除非透過內部失和或背叛。

禹舍信服地離開，並向國王報告，若貿然對跋耆族開戰不會成功。那時的印度人對具有心靈力量者有很大的信心，因此道德優越的暗示就足以阻止一場戰爭。一直到後來，在佛陀入滅後，國王才可能侵入跋耆族，因為那時他們已背棄了完善的道德。

使僧團興盛的七項告誡

佛陀曾以這高度政治性的討論作為教育的機會，他請阿難召集當地所有比丘，給他們能使僧團興盛的七項告誡：

> 比丘們應經常聚會；並和合地盡力於僧團的職務；他們不應制定新的律法，而應遵守已制定的律法；他們應尊敬僧團的長老，並聽受其忠告；他們應抗拒渴愛；樂住阿蘭若；並隨時保持正念。那麼，志同道合者就會被吸引前來，那些已在過清淨生活者也能安住。

在佛陀對比丘們說完這些話之後，以如下精簡的教法總結，它在這個故事中重複出現了許多次：

有關此是戒、此是定、此是慧。修習戒成就，則定有大利
益、大果報；修習定成就，則慧有大利益、大果報；修習
慧成就，則心完全由欲漏、有漏、見漏及無明漏①等之諸
漏解脫。

佛陀教導阿難自作皈依

在這番告誡後，佛陀便展開最後的旅程。他總是前往那些想
要了解佛法，或需要澄清誤解，或可以阻止暴力的地方。
在這段最後的旅程，他先朝恆河方向走到那爛陀(Nālandā)，
它後來成為佛教著名的教育中心。它靠近舍利弗的出生地，
舍利弗就在出生地離開佛陀，因為他想在般涅槃前，待在此
處教導母親佛法。❷在道別時，舍利弗再次讚歎佛陀：「世
尊！我對世尊有如此的信心：沒有任何人擁有比世尊更高深
的智慧。」②

然後，佛陀便和比丘們前往跋耆國的首都吠舍離，他曾稱讚
過該族的美德，而阻止阿闍世王入侵。他在那裡罹患重病，
完全以意志力壓抑疾病，因為他不想在未再次召集弟子之前
辭世。③佛陀會生病，是因肉體的不圓滿，但能以意志力控
制疾病，則是因心靈的圓滿。

阿難為佛陀生病而沮喪，情緒低落到無法正確地思考。他對

佛陀說，只有想到佛陀不會在未給比丘們一些僧團規定就般涅槃時，才稍感安慰。但佛陀卻反駁他：

> 阿難！僧伽還能期待從我這裡多得到什麼嗎？我教導佛法從無內、外區別，如來絕無任何藏私。只有自認爲應領導比丘僧團者，或比丘僧團得依靠他者，這樣的人才必須給予弟子最後的指導。但如來並無這種想法，因此他必須給予比丘僧團什麼指導呢？

佛陀接著說：

> 阿難！如今我差不多八十歲了，生命已走到盡頭，我只能勉強維持這個身體，就如有人維持快要瓦解的舊馬車一樣。我的身體只有在進入與安住於無相心解脫❸時，才會自在。

但大師隨即又給了阿難一帖良藥，以對治由這些話所引起的悲傷：

> 因此，阿難！要作自己的島嶼，作自己的皈依處；要以法爲島嶼，以法爲皈依，不要尋求其他的皈依處。

阿難未請佛陀繼續住世

此經的第三節是佛陀停留在吠舍離度過雨安居。

有一天在雨後，他囑咐阿難拿著坐具，陪他到遮波羅(Cāpāla)廟禪修一天。當坐在那裡時，世尊看著面前的美景，提醒阿難附近許多美麗的景點。這段鄉間敘述的原因看似不明，但到後來就會變得清楚。

阿難受魔羅擾亂，不解佛陀的暗示

佛陀接著說：

> 任何成就四神足❹者，都能讓它們成為他的工具與基礎，如果他有意願，將能活過一劫或活滿一劫。❺如來已完成那一切，因此如果受到請求，他可以活到這劫結束。

雖然佛陀已給予阿難如此明顯，且完全符合他期望的暗示，但阿難並未請佛陀為了眾生而慈悲住世。佛陀不只一次，而是三次都以同樣的方式對阿難說，但每次他都未會意。因為他的心受到魔羅蠱惑，魔王對他仍有某種程度的影響力。

過去一直都很謹慎小心的阿難，此刻已迷失正念，這種情況先前也曾發生過，但都只在微不足道的小事上，否則我們這

一整劫將會截然不同。是否有可能在那一刻，阿難只沈湎於陪伴佛陀的喜悅中，因此聽不進佛陀的暗示呢？也許就是貪著於陪伴佛陀，再加上誘人的黃昏與平靜的森林，更加深他的貪著，以致無法做出正確的反應──最符合他深切期望佛陀活久一點的反應。

如果沒有魔羅的擾亂，阿難就會請佛陀接受延長壽命的重任，而佛陀出於對世人的慈悲也會同意。但魔羅害怕無數眾生會逃脫他的掌握，急於阻止此事，將歷史的軌跡封存下來。這個如此戲劇化且引人聯想的場景，是屬於巴利藏經的神秘事件，人們可以無盡地想像它。

魔羅提醒佛陀實踐諾言

讓我們繼續這件事：佛陀請阿難離開，而開始入定，阿難則坐在附近樹下。然後魔羅出現在佛陀面前，提醒他四十年前剛覺悟後不久的一個承諾。

當時，魔羅請佛陀般涅槃而不要傳法，但佛陀回答，除非他已徹底訓練與指導比丘、比丘尼、優婆塞與優婆夷，並已妥善建立清淨梵行，否則他不會般涅槃。

然而如今，那些事都已完成，魔羅也來提醒他該是實現諾言的時候了。佛陀回答：「惡魔！你且安心，不久之後如來便會般涅槃。從現在起三個月後，如來就會般涅槃。」

於是世尊以正念、正知，放棄繼續住世的意願，就在如此做時，大地劇烈震動，天上雷聲隆隆。那是當他宣佈放棄這些自然元素作為其生命基礎時，它們的強烈反應。

佛陀放棄住世的意願

當阿難察覺地震與雷聲時，他問佛陀這現象的原因，佛陀回答有八個原因。

第一是當巨大力量移動的場合；④其次是當擁有神通的比丘或婆羅門進入某種禪定時⑤；後六個分別是菩薩入胎、出生；如來覺悟、初轉法輪、放棄繼續住世意願，以及般涅槃。由此我們可以看出，一切眾生最高者的佛陀和整個宇宙之間，有多麼深的連繫。

接著，有關八眾⑥、八勝處⑦與八解脫⑧的說明，似乎有些離題。表面上看來，這些似乎是互不相干的開示。學者們說它們會被插入經文，是因為一開始有八種地震的緣故，於是其他三個「八種」就順勢被帶進來。事實上，其中有更深的連結，它們是被設計來讓阿難由淺到深逐步地深入，並讓他知道佛陀正快速地趨近死亡，不會讓他措手不及。

在佛陀幫助阿難導向覺悟之道後，他提到自己在四十五年前曾告訴魔羅，於妥善建立佛法之前，都不會般涅槃。如今魔羅出現在面前，而他也告訴魔羅只會再活三個月。因此，如

今他已放棄繼續住世的意願，那就是地震的原因。

阿難懇求佛陀繼續住世

此時，阿難毫不猶豫，三度懇求佛陀繼續住世一整劫。但佛陀回答，最適當的請求時間已經過去。當阿難第三度請求時，佛陀問：「阿難！你對如來的覺悟有信心嗎？」當阿難肯定這點時，他又問：「那麼阿難，為什麼你要持續違逆如來至第三次呢？」

然後，佛陀向阿難說他已讓機會悄悄溜逝：

> 這是你的過失，阿難！你並未把握如來所給予的請佛住世的明顯暗示。阿難！如果你這麼做，如來可能會兩度婉拒，但第三次一定會同意。

佛陀也提醒阿難，不只是現在，之前已有十五次⑨表明自己能住世一整劫，但阿難每次都沈默不語。

最後，佛陀又補充有關無常的告誡：

> 難道從一開始我就未教導，一切我們所愛的事物都會變化、分開與離散嗎？一切都會成、住、異、滅，沒有任何事是不會消散的。此外，如來也不可能收回說過的話：三

個月後，他將會般涅槃。

因此，他請阿難召集當地比丘前來。他勸與會大眾要學習與
修行覺悟之道，這他在傳法期間都已教導得很清楚了，如此
一來，「為了眾生的福祉與快樂，出於慈悲，為了世間與
人、天的良善、福祉與快樂，這個梵行將可長續久住。」在
開示結束時，他宣佈「從現在起三個月，如來將般涅槃。」
他並給予比丘們一些思惟的偈頌：

　　餘日無多吾壽終，
　　離開汝等自依止。
　　精進正念持淨戒！
　　堅定守護汝自心！

　　於此正法律中人，
　　安住正念與正知，
　　應斷生死之輪迴，
　　並能抵達苦滅邊。

純陀的供養

此經的第四節記載，在雨安居結束後，佛陀繼續旅程，並宣佈不會再返回吠舍離。

以律或經印證佛法

途中，佛陀對比丘們開示之前說過的相同主題，他說他們會輪迴生死，是因為並未洞見四法——聖者的戒、定、慧與解脫，並再次如他在最後旅程中經常說的，強調由戒生定、由定生慧。

在下一個休息處，他向比丘們解釋，如果有人意圖引用他的話時應如何做。佛陀說，他們應記住這些句子，並在律或經中尋求印證，如果在其中無法找到，那麼就可以斷定它們是那人誤學來的，便應拒絕它。

這項告誡，對於忠實傳遞佛陀的話，是非常重要的，直至今日，它仍是人們分辨是否為佛陀所說，或是新編、偽造經典的根據。

佛陀嚴重腹瀉

之後，佛陀遊行到喜馬拉雅山旁剎帝利族的所在地——末羅國。這段期間，他可能也到過舍衛國，因為他就是在那裡聽

到舍利弗的死訊。

在釋迦族的鄰居末羅國境內，金匠純陀(Cunda)邀請他和比丘們應供，主食是一盤栴檀樹耳(sūkara-maddava) ❻ ，佛陀要求純陀，這盤食物只供養他，而比丘大眾則供養其他食物。然後，他要求將剩餘的栴檀樹耳埋起來，「因為除了如來一人之外，我沒看過其他能吃它而完全消化的人。」

在這頓飯後，佛陀便罹患嚴重的腹瀉，但他平靜地忍受它，並未因此中斷行程。沿途他都吩咐阿難攤開他的僧袍，因為他已筋疲力盡想要休息。他請阿難到附近溪流取水，但阿難說寧可到河邊取水，因為溪水已被許多馬車攪動而混濁了。在佛陀三度要求下，順從的阿難便前往溪流，此時溪水竟奇蹟似地變清澈了。

福貴供養金色衣

在路上，佛陀遇見末羅族人福貴(Pukkusa)，他是阿羅邏迦蘭(Alāra Kālāma)⑩的弟子，佛陀以禪定力贏得福貴的信任，使他歸依，而成為佛陀生前最後一位在家弟子。

福貴供養佛陀兩套金色衣，佛陀收下一件，另一件請福貴供養阿難，在此情況下，阿難並未拒絕禮物。

阿難說，衣服的金色和佛陀皮膚的光澤相比黯淡許多，於是世尊說有兩種情況，如來的膚色會變得分外明亮，那就是在

他覺悟與般涅槃的那天。在當晚的最後幾個小時，他就會般
涅槃。

最好的供養

沐浴後，佛陀告訴阿難，任何人都不得因為佛陀吃了金匠純
陀供養的食物後死亡，而責備他。

世上有兩種最好的供養——供養之後，菩薩獲得覺悟；供養
之後，佛陀般涅槃。純陀會從他的供養中得到很大的福報：
長壽、健康、權勢、名聲與轉生天界。

娑羅樹林間的最後法音

此經的第五節一開始，佛陀要求阿難陪他去拘尸那羅，到末
羅族的娑羅樹林。

最高的禮敬是安住於法

當他們抵達時，阿難為他在兩棵大娑羅樹之間，安排了一張
頭朝北方的臥榻。雖然並非開花時節，但滿樹花開，並散落
在世尊身上。天上的曼陀羅花也飄落下來，並伴隨著天香與
天樂。佛陀接著說：

阿難！這樣並非向如來表達最高禮敬的方式。若有比丘、
比丘尼、優婆塞、優婆夷，安住於法，如法生活，如法而
行，這樣的人才是向如來表達最高的禮敬。

那時，尊者優波摩那(Upavāna)正在為世尊搖扇。佛陀要求優
波摩那站到一旁，阿難問佛陀為何要他立即讓開。佛陀解
釋，有無數天神從四面八方前來，想見世尊最後一面，因為
這是難得一睹的。但由於傑出的優波摩那比丘站在他前面，
使得他們看不到他。由此可見，優波摩那內心的光明一定比
諸天的洞見力更強。

值得禮敬的四個地方

阿難進一步問諸天的細節，並得知有些尚未解脫煩惱者，正
在哭泣、悲歎；而有些解脫煩惱者，則安定與平靜。佛陀又
指示阿難：

世間有四個地方值得禮敬，能鼓舞忠實的信眾，那就是佛
陀的出生地藍毘尼園、成道處菩提伽耶、初轉法輪處鹿野
苑與般涅槃處拘尸那羅。凡是以信心到這些地方朝聖者，
命終之後將轉生天界。

如何為佛陀舉辦葬禮

接著似乎有些突兀，阿難問了前面已敘述過的問題，即應如何與女人相處⑪。

然後，他問如何處理世尊的遺體。佛陀的回答很直接：

> 阿難！你不應擔心此事，但自思惟，努力護持正法。有智慧的長者，當供養如來之身。

然後，阿難希望知道在家居士如何舉辦葬禮。佛陀對於荼毗與造塔❼給了詳細的指示。他說有四種人值得造塔：無上的佛陀、辟支佛、聲聞阿羅漢與轉輪聖王❽。供養這些佛塔，也會獲得很大的福報。⑫

佛陀鼓勵阿難解脫煩惱

然後，阿難悲不可抑，悄悄地離開而入於精舍，閂鎖門栓，暗自飲泣。他知道自己還有很長的路要走，而對他慈悲有加的世尊很快就會不在了。他二十五年的服侍結果還剩下些什麼呢？這個著名的場景在佛教藝術中經常被描繪，讓人不禁想起在十字架背後哭泣的基督徒。

當佛陀見不到阿難時，便詢問他在哪裡，並召喚他前來，佛陀對他說：

阿難！不要悲傷，難道我不曾多次告訴你，一切都會變化與消失嗎？諸法怎麼可能有生而不滅呢？阿難！長久以來，你一直以慈悲的身、語、意，愉快、敏銳、認真而毫無保留地照顧如來，你已積聚了大福德。阿難！繼續努力，你很快就能解脫一切煩惱！

然後，他說了一件很久以前的事，在過去世阿難也曾服侍過他，並獲得許多世間福報(Jāt. 307)。

佛陀讚歎阿難的特質

在佛陀第二次預言阿難很快就會證得阿羅漢果之後，他便轉向比丘大眾，再次讚歎阿難：

過去一切諸佛都曾有過如此優秀的侍者，未來諸佛也是如此。他待人處事的方法令人欽佩，如果有比丘同伴去見阿難，見已皆心生歡喜；如果他對他們談論佛法，他們對他的開示也一樣歡喜；當他沈默時，他們則悵然若失。⑬而比丘尼、優婆塞、優婆夷也都如此，他們聽到阿難的教導總是很歡喜，每個人都想再進一步聆聽。

阿難就是具有這些卓越與非凡的吸引人的特質，這種特質除了他之外，只有在轉輪聖王身上才看得到。

經典中經常出現這種方式，我們在這裡也可見到，佛陀對阿難說話的兩種互補方式：一方面盛讚他，並告知比丘其偉大之處；另一方面，則一直提醒他要克服最後的煩惱。

於拘尸那羅舉行葬禮

在這讚歎之後，阿難轉移話題到另一個主題上。他建議佛陀最好不要在這荒野山林，而是在舍衛城、王舍城、憍賞彌或波羅奈等大城裡般涅槃。

值得注意的是，他並未提議回佛陀的家鄉迦毗羅衛城，因為它最近才遭波斯匿王之子劫掠與破壞，所以阿難未曾提到它，就如他也未提到吠舍離，因為佛陀已說過他不會再回去那裡。

阿難認為葬禮在大城裡舉行，可以由住在該城的在家信眾辦得好一點。但佛陀躺在臨終的病床上，詳細解釋為何拘尸那羅並非泛泛之地。佛陀很久以前曾在此作過轉輪聖王大善見 (Mahā Sudassana)，且曾在此以轉輪聖王的身分留下遺骨不下六次，這次是第七次，也是最後一次。那個王國的顯赫與莊嚴都已遭到破壞，消失而不復存在。這確實足以讓人對世間的有為法，生起厭離之心。

最後一位弟子——須跋陀比丘

佛陀關於大善見的開示，是他所給最後的偉大教法。隨後他就吩咐阿難召集拘尸那羅的末羅族人，好讓他們可以向他道別。那時遊方行者須跋陀(Subhadda)正好在拘尸那羅，聽到佛陀即將般涅槃的消息。他想到佛陀出現於世是多麼難得，便想把握最後機會請他釋疑。

他懇請阿難讓他接近佛陀，但遭阿難拒絕，他說臨終病床上的大師不應受到打擾。出於對佛陀的關愛，阿難三次拒絕他。但佛陀無意中聽到他們的談話，便告訴阿難讓他進來：「他前來問法是為了求知，而非製造麻煩。」

於是須跋陀提出一個問題：「現在所有老師都聲稱已覺悟，但他們的教法卻相互矛盾。到底哪些人是真的覺悟呢？」佛陀不回答這個問題，並說：

> 哪裡能找得到八正道，那裡就有真正的清淨梵行，並能得到沙門四果。如果比丘們活在正道中，這世間就不會缺少阿羅漢或真正的聖者。我出家與說法已超過五十年，只有親近正法，才有清淨梵行。

這個簡短的開示，就足以讓須跋陀了解佛法的各種觀點，並皈依佛陀。當須跋陀請求准許加入僧團時，佛陀告訴他，根

據規定，其他教派的沙門必須先通過四個月的見習時期。須跋陀隨即表示，即使得等上四年的見習，他也願意。

於是佛陀立即接受他，做了最後一次破例，在幾分鐘內，這位佛陀最後的比丘弟子，便證得了阿羅漢果。

佛陀般涅槃

此經的第六節從佛陀的最後教導開始。

最後的教導

首先，佛陀建議比丘們永遠不要認為他死後就不再有老師，「因為我去世之後，法與律就是你們的老師。」即使到今天，對他的信徒來說，佛陀在經中的這番話仍具有關鍵性。

其次，在他死後，比丘們不應再無區分地稱呼彼此為「朋友」(āvuso)。戒臘較長的比丘可稱呼淺臘者為「朋友」或直呼其名，而淺臘者則應使用「尊者」(bhante)。這規定確認德望是根據僧團中的戒臘，而非比丘或比丘尼個人的身分。

第三，同意比丘們根據自己的判斷，捨棄微細戒與一切相關規定。

第四，同時也是最後的教導，對闡那比丘⑭實施「默擯」(brahmadaṇḍa，直譯為「梵罰」)。阿難問這應如何理解，佛

陀解釋，不應對闡那說話、勸告或教誡，除非他懺悔。

詢問有疑者

在交代完這些有待阿難去完成的根本外在指示之後，佛陀再次轉向與會僧眾，問他們對佛、法、僧與修行之道是否有任何疑問。他們應趁佛陀尚未寂滅之前，趕緊提出問題。但連問三次，都沒有人回應。於是阿難說這真是令人驚訝，竟然無人有任何疑問。

佛陀再度更正他，因為阿難並不確知所有的人真的毫無疑問，該比丘可能只是不希望將它說出來，或在這最後的時刻並未察覺到它，只有擁有一切知者才能以這種方式說話。

但其實當時的情況正如阿難所說，而佛陀會如此說，只是為了顯示阿難的信心與正覺者的真實洞見不同。在場的五百名比丘至少都是入流者，因為這個成就的表徵之一，正是斷除疑結。

世尊再度轉向與會僧眾，給他們臨終的遺言：

> 現在，比丘們！我對你們宣說此事：一切有為法的本質終歸於滅，應朝解脫目標精進不放逸！⑮

佛陀於第四禪中般涅槃

在世尊說完這些遺言之後，他便進入四種禪與四無色定，最後進入滅盡定。當阿難見到佛陀入滅盡定時，便對阿那律說：「尊者！世尊已般涅槃。」他不再稱呼他為「朋友」，而是視之為戒臘長的比丘，雖然兩人是在同一天出家。

然而，阿那律具有天眼通，於是糾正他：「佛陀是在滅盡定中，他尚未般涅槃。」只有像阿那律這樣的阿羅漢，才能認出這最後微細心境的差別。隨後佛陀便反向進入九次第定，回到初禪。然後再從初禪逐步進入第四禪，最後就在第四禪中般涅槃。

在他生命結束的時刻，大地震動，雷聲隆隆，如他所曾預言的一樣。曾請佛轉法輪，本身也是個不來者的梵天娑婆主（Sahampati），說了一首偈頌[16]，指出即使連佛陀的金剛身也是無常的。身為入流者的帝釋天王也說了一首偈頌[17]，重複佛陀自己說過的名言：「諸行實無常。」阿那律平靜地說了兩首偈頌[18]，但阿難則悲歎：

其時甚恐怖，身毛皆豎立；
具一切慈悲，此等正覺者。

阿那律安慰大眾與阿難

尚未達到究竟解脫的五百位比丘，也和阿難一樣悲泣。阿那律尊者則安慰全體大眾，為他們指出永遠不變的無常法則，並將他們的注意力轉移到在場的無形諸天上，他們之中也有悲戚者與解脫煩惱者。

阿那律徹夜都和阿難談論佛法，在他們四十三年的出家生活中，這兩位個性截然不同的兄弟之間，似乎未曾有過一次佛法對談。但如今阿那律全心全意地投入照顧這個同父異母的弟弟，因為他是如此地需要安慰。

到了早上，自然被視為親近弟子間指導者的阿那律，請阿難通知末羅族人佛陀般涅槃的消息。

佛陀荼毘與立塔供養舍利

阿難傳達訊息之後，末羅族人籌集盛大葬禮所需的一切用品，如花、香等，然後便前往娑羅樹林。他們持續七日，都以慶祝的舞蹈、歌唱與音樂，以及旗、幟與花、香，禮敬佛陀的遺體。

人們可能會質疑他們怎麼會在此時想到慶祝，但他們為何應該哀悼呢？那並無法改變什麼。他們以歌聲與舞蹈表達對佛陀的尊敬：慶祝佛陀已出現於世，慶祝自己已聽聞佛陀的法，慶祝佛陀長久以來已走遍印度教導了許多人，以及慶祝

他已建立守護佛法的僧伽。

第七天，他們搭起荼毘的柴堆。當末羅人想要點燃柴堆時，卻總是點不著。阿那律解釋那是天神在阻止，因為他們想等到大迦葉尊者抵達，他在佛陀最後的日子裡並不在場，如今和一群比丘正在趕來拘尸那羅的途中。當迦葉抵達時，他和同夥比丘一起遶佛三匝，表達對世尊最後的敬意。然後，柴堆自行點燃，遺體燒到只剩骨頭，沒有任何灰燼。

當鄰族聽到佛陀逝世的消息時，紛紛派遣使者來迎請舍利，以便為它們建塔。但末羅人卻說舍利是他們的，因為佛陀是在他們的土地上入滅。最後，一個聰明的婆羅門勸他們，別為這最偉大和平締造者的遺骨而爭吵，並建議他們將所有舍利等分成八份，這才平息了紛爭。這位婆羅門要求擁有裝舍利的容器，最後趕到的另一族人則得到煤灰，如此就建立起十個紀念塔。

原註

❶ 見瓦吉拉(Vajirā)師姐與法蘭西斯‧史托麗(Francis Story)所著，《佛陀最後的日子》(*Last Days of the Buddha*, BPS, 1988)。

❷ 見巴利佛典【佛陀的聖弟子傳】(1)《佛法大將舍利弗‧神通大師目犍連》，頁138-139。

❸ 無相心解脫(Animitta-cetovimutti)：甚深禪定，超越有為法的象徵或符號。

❹ 同註❷，頁210。

❺ 《長部註》與《彌蘭陀王問經》141頁解釋，在此的「劫」(kappa)意指「命劫」

(Ayukappa)，人類自然壽命完整長度的一百二十歲[見《佛陀最後的日子》(*Last Days of the Buddha*, p. 106, n. 21)]。然而在藏經中，總是使用指宇宙一劫的 kappa——一個世界的完整持續時間，而且似乎沒有理由賦予它其他的意義，但那並不符合本段的上下文意。佛陀精通四神足，當然有可能延長壽命遠超過短短的四十年。

❻ 有關這盤食物性質的討論，見《佛陀最後的日子》(p.109, n38)。

❼ 塔(stūpa)：舍利紀念塔，裡面放置佛陀或傑出比丘的聖骨。在佛教國家，幾乎在所有寺院都可以發現它們，被當作人們禮敬的對象。它們也被稱為「支提」(caitya)，在斯里蘭卡則稱為「達歌巴斯」(dagobas)。

❽ 轉輪聖王(cakkavatti-rājā)是佛教典籍中的理想君王，他的統治建立在正義的基礎上。

譯註

① 「漏」的原意是指膿瘡流出的膿，或已發酵許久的酒，將煩惱被稱為「漏」，即是指它們如膿、如酒。欲漏是對欲樂（欲界）的貪；有漏是對存在（色界、無色界）的貪；見漏是邪見；無明漏是指對三界的無明。斷除諸漏就稱為「無漏」，即是阿羅漢的境界。

② 有關舍利弗向佛陀道別的詳細情形，請見巴利佛典【佛陀的聖弟子傳】(1)《佛法大將舍利弗‧神通大師目犍連》，頁139-143。

③ 那時，佛陀如此思惟：「若我不告弟子，不教示諸比丘而入滅者，與我不相應。我今依堅強之精進，忍耐此病，以留住彼壽命。」世尊依堅強精進，忍耐此病，於是病癒。

④ 佛陀告訴阿難：「此大地止立於水上，水止立於風，風止立於空。阿難！空中起吹大風時，風起則水動，水動則地動，此為大地震出現之第一因、緣。」

⑤ 僅以「地」為所緣而修地想，但少以「水」為所緣而修水想時，此地則大震動。

⑥ 八眾：即指剎帝利眾、婆羅門眾、居士眾、沙門眾、四天王眾、忉利天眾、魔眾、梵天眾。佛陀說，他以與這八種眾生相同的容貌與聲音，為他們宣說教示，而令其歡喜。

⑦ 八勝處：八種能引發勝知勝見，以捨棄貪愛的禪定，因它是引發勝知勝見的依處，所以稱為「勝處」，即：（一）內有色想觀外色少勝處；（二）內有色想觀外色多勝處；（三）內無色想觀外色少勝處；（四）內無色想觀外色多勝處；（五）青勝處；（六）黃勝處；（七）赤勝處；（八）白勝處。前四勝處是不淨觀，後四勝處是淨觀。

⑧ 八解脫：八種棄捨三界煩惱繫縛的禪定，即：（一）內有色想觀外色解脫；（二）內無色想觀外色解脫；（三）淨解脫身作證具足住；（四）空無邊處解脫；（五）識無邊處解脫；（六）無所有處解脫；（七）非想非非想處解脫；（八）滅受想解脫。定力極深，具足三明六通的大阿羅漢能獲得八解脫。

⑨ 每次都在不同的地方，例如，王舍城的靈鷲山、拘律樹園、盜賊谷、以及迦蘭陀竹林等處。

⑩ 阿羅邏迦蘭(Aḷāra Kālāma)：當時著名的數論派先驅，教示以苦行或修定為主，以非想非非想處定為解脫境，最終以生天為目的。佛陀曾依阿羅邏迦蘭學習禪定，達到無所有處定。

⑪ 佛陀告訴阿難要「勿見婦女」；若見到了，則「勿與交談」；若婦女來攀談，則「時當自警戒」，以這些原則來自處。

⑫ 人只要思念這些塔，就能使內心清淨，於身壞命終之後，生於善趣、天界。

⑬ 漢譯《大般涅槃經》中說，即使阿難保持沈默，對方也很歡喜，只有在告退時，他們才戀戀不捨，與此略有出入。「聞其說法及見默然，亦復欣悅。辭別而退，戀德情深，不能有已。二者比丘尼，三者優婆塞，四者優婆夷，亦復如是。汝等當知，阿難有此四奇特事。」（《大正藏》卷一，頁200c）

⑭ 闡那(Chanda)比丘：或譯「車匿」，是佛陀身為王子時代的侍從，在律中是位「惡口」比丘。他曾做錯事，比丘們勸他改正，他反而惡口相向，不加理會。佛陀因此制戒，若比丘犯惡行，經比丘們勸告三次，仍不捨惡行，即犯僧殘罪。

⑮ 漢譯《大般涅槃經》提到佛陀入滅前說了一首著名的偈頌，經文如下：「於是如來即便說偈：『諸行無常，是生滅法；生滅滅已，寂滅為樂。』爾時如來，說此偈已，告諸比丘：汝等當知，一切諸行，皆悉無常，我今雖是金剛之體，亦復不免無常所遷。生死之中極為可畏，汝等宜應勤行精進，速求離此生死火坑。此則是我最後教也，我般涅槃，其時已至。」（《大正藏》卷一，頁204c）

⑯ 這首偈頌是：「一切諸有情，皆捨世諸蘊；大力正覺者，如來般涅槃。」

⑰ 這首偈頌是：「諸行無常，是生滅法；生滅滅已，寂滅為樂。」

⑱ 這兩首偈頌分別是：「淨滅諸貪欲，心安救濟者，得證般涅槃，牟尼寂滅時。」「決定心不動，善忍諸痛苦，猶如燈火滅，心解脫亦然。」

第十章

佛陀般涅槃之後

安慰悲傷的在家弟子

阿難在偈頌中表達他在大師入滅後的情況：

> 吾之同伴已辭世，
> 大師也已般涅槃。
> 今唯此誼堪能比：
> 專注正念於身體。

> 老者如今已辭世，
> 新人少能令我喜，❶
> 今日我獨自禪修，
> 如鳥翩翩入巢中。　(Thag. 1035-1036)

在葬禮過後，阿難剩下的唯一責任，就是達到佛陀向他預言的究竟解脫。迦葉建議他住在末羅族與釋迦族附近拘薩羅國

的森林中，但當大家知道佛陀的侍者獨自住在附近森林中時，訪客便蜂擁而至。

在家弟子們對於佛陀、舍利弗與目犍連，以及他們公正與受愛戴的波斯匿王之死，感到非常難過，希望能得到阿難的慰藉；這四個人全都在同一年內死去。

阿難無論日夜，在村莊或森林中，都必須安慰這些在家弟子，始終無法獨處。因此，住在森林裡的一位天神，考慮到阿難的心靈進步，出現在他面前，給他以下的建議：

> 進入叢林樹腳下，
> 心存涅槃之想法，
> 精進禪修喬達摩！
> 喧囂於你又何干？　(SN 9:5)

在天神的勸誡下，阿難心中又重新激起解脫的迫切感。

證得阿羅漢，誦出經藏

在此同時，大迦葉尊者決定召開僧伽會議以強化法與律。❷由於拘薩羅國的情勢並不安全，會議將在阿闍世王的保護下，於王舍城舉行。有五百位比丘參加，其中只有阿難不是

阿羅漢。由於阿難通曉佛陀絕大多數的開示，因此會議少不了他。

當會議的日期愈來愈接近時，阿那律尊者建議，阿難只有在漏盡並證得阿羅漢果的情況下才能參加。阿那律知道這種企圖心的力量，它具有激勵的作用。

當阿難聽到這個嚴格的規定時，他決定要盡一切力量證入涅槃。他徹夜修習四念處，不斷地重複打坐、經行、打坐……黎明時，在經過一整夜的努力後，正準備躺下來，就在他抬起腳，頭尚未接觸枕頭之際，心徹底解脫了一切煩惱。

會議開始那天，特地為他保留了一個座位，希望他會成功。其他比丘都入座後不久，阿難透過神通力凌空而至，坐在位子上。當阿那律與迦葉看見這情景時，知道他已達成目標，於是對他表達由衷的歡喜，然後宣佈會議開始。

會議期間，迦葉問持律者優波離關於每一條戒與它的緣起，由此率先誦出律藏。下一個議程是教法，迦葉先問阿難關於最長的開示，而集成《長部》(*Dīgha Nikāya*)，其次是中等長度者，集成《中部》(*Majjhima Nikāya*)，然後是其他各部。❸

阿難的過失

在誦出法與律之後，阿難提到佛陀最後遺留要他去處理的那

些事。

他告訴大眾，世尊已允許捨棄微細戒。長老比丘們無法同意所謂「微細戒」的意思，因此迦葉高聲說：「如果現在僧伽開始捨棄戒律，在家人會說世尊才剛入滅，我們就變得鬆弛了。由於並不知道佛陀所指的是哪幾條戒，因此最好不要捨棄任何一條，如此我們才能確定並未違背佛陀的意願。」於是就這麼做成決定。

首先，長老比丘們舉發阿難的過失，因為他並未問明微細戒的意思，他應懺悔這個惡作(dukkaṭa)①。

第二，他被舉發腳先踏在佛陀的衣上，才為佛陀縫衣②。他回答自己對佛陀絕無絲毫不敬之意，但如果尊者們認為這是惡作，他願意承認。

第三，他被批評允許女人先禮敬佛陀的遺體。他回答在葬禮時，他考慮到要讓女眾在天黑前回家，因此才會讓她們先行禮敬。但對此他也會接受長老們的裁定。

比丘們舉發阿難的第四項過失是，他並未請佛住世一劫。阿難辯稱當時自己是受到魔羅的迷惑，因此無法為其行負責，否則怎麼可能不作這樣的請求呢？阿難面對這些舉發時的表現足為模範，雖然他自己看不到任何惡作，該說的事實他也都有說明，但仍服從其他長老們的裁定。

轉達佛陀對闡那的懲罰

隨後，阿難報告佛陀入滅前交代他的第二件事，加重懲罰闡那比丘。長老們請阿難自己去對闡那說明這個決定，阿難抗議說闡那是個凶惡之徒，長老們建議他帶一些人同去。於是，他帶領一群人到闡那居住的憍賞彌，通知他佛陀最後的遺訓，他被宣佈為「僧團中的死人」③。

佛陀曾對馴馬師只尸(Kesi)解釋過這個懲罰。❹他會使用它來對付桀驚不馴的比丘，因為他們的行為無法透過規勸與懲戒而改正。凡是無法以此方式調伏的比丘，都會被認為是僧團中的死人：無論他做什麼，都沒有人會和他說話。

當闡那聽到這個說法時，他因過度驚駭而昏倒，恢復意識之後，他感到非常羞愧，世尊竟將對他的懲罰，當作對僧團的最後教導。這激勵他盡最大努力精進修行，結果在很短的時間內，就證得阿羅漢果。

由此可以看出，這懲罰是佛陀為了闡那比丘的利樂所作的最後慈悲之舉，即使在佛陀入滅後依然有效。闡那成為聖者之後去找阿難，懇求他撤銷懲罰，阿難回答，一旦他達到漏盡解脫，懲罰就已自動失效了。

僧團的第二領導者

在佛陀般涅槃之後,最受尊敬的弟子——大迦葉尊者便接手僧團的指導工作。然而,他的地位既不像佛陀般是皈依對象,也不是教主,而只是比丘當中最權威與最受尊敬者。他的作用,簡單來說,就是遵守法與律的表率。

對於僧團的一切問題,所有人都請大迦葉裁決,他就這樣成為僧團的上首長老。阿難在他之後,成為第二領導長老、第二受尊敬的聖者,負責照顧僧團。在他已成為比丘四十多年後,又比佛陀多活了四十年。在他擔任佛陀個人侍者二十五年之後,他成為第一阿羅漢的時間也差不多一樣長。

在佛陀般涅槃後一百年的第二次結集時,阿難的個人弟子還活著,他是位非常老的比丘,名為薩婆迦眉(Sabbakāmī),據說他在僧團的時間長達一百二十年(Vin. 2:303)。

阿難入滅

當阿難一百二十歲時,他自知時日無多,便從王舍城遊行前往吠舍離,就像大師所做的一樣。當摩揭陀與吠舍離的國王聽到阿難即將入滅的消息時,就分別從兩地趕來向他道別。

為了對雙方都公平起見,阿難所選擇的死法維持他一貫和善

的本質：他以神通力升到空中，以三昧火④燒盡身體。然後，舍利被平分與建塔紀念。

在他去世後，負責藏經後續編修的長老們，增加了三個偈頌到《長老偈》裡他的選集中：

具多聞之持法者，
大覺寶藏守護者，
世間之眼阿難陀，
已達究竟涅槃果。

具多聞之持法者，
大覺寶藏守護者，
世間之眼阿難陀，
驅除漆黑暗夜者。

多聞強記之覺者，
記憶敏銳且堅定，
傳承正法之長老，
阿難陀是大寶庫。　(Thag. 1047-1049)

原註

❶ 第一首偈頌中，「同伴」所指的是舍利弗。第二首偈頌中，「老者」是指老一輩的比丘，如舍利弗與目犍連；「新人」則是年輕一輩的比丘，他們其中有些人一定在僧團中造成麻煩。

❷ 關於佛教的第一次結集，是引用自Vin. 2:284 ff。

❸ 各部當中經典的實際順序，有可能也是在這次會議中釐訂的。

❹ 見AN 4:111。

譯註

① 惡作 (dukkaṭa)：音譯為「突吉羅」，指與身、口有關的微細惡行，是戒律中最輕等級的違犯。

② 當時沒有人相助，恰逢風吹衣起，所以踏在腳上。這一事實，在經律中，還沒有找到出處。

③ 佛陀默擯闡那，是因為他了解再也沒有別的方法能調伏闡那。此外，也是為了保護其他僧眾不受精神壓迫之苦。所以，從「法」的角度來看，默擯闡那就如同殺了他一樣。

④ 三昧火：三昧是正定，定有水、火種種不同。身體發出火燄的三昧，稱為「火界三昧」、「火定」，有火葬屍骸之意。

《佛陀的聖弟子傳》各冊文章的原作出處

〈佛法大將：舍利弗〉，向智長老撰。初次發行名稱為〈舍利
佛傳〉，佛教出版協會《法輪叢刊》，第90/92號(1966)。

〈論議第一：迦旃延〉，菩提比丘撰。初次發行為佛教出版協
會《法輪叢刊》，第405/406號(1995)。

以下傳記皆由何慕斯·海克撰，從德文譯成英文：

〈神通大師：目犍連〉，向智長老譯。初次發行名稱為《大目
犍連》，佛教出版協會《法輪叢刊》，第263/264號(1979)。

〈僧伽之父：大迦葉〉，向智長老修訂與擴增翻譯。初次發行
為佛教出版協會《法輪叢刊》，第345號(1987)。

〈佛法司庫：阿難〉，愷瑪(Khemā)尼師翻譯。初次發行為佛教
出版協會法《法輪叢刊》，第273/274號(1980)。

〈天眼第一：阿那律〉，向智長老修訂與擴增翻譯。初次發行
為佛教出版協會《法輪叢刊》，第362號(1989)。

〈佛陀的偉大女弟子〉，愷瑪尼師翻譯。初次發行名稱為〈佛
陀時代的佛教婦女〉(*Buddhist Women at the Time of the
Buddha*)，佛教出版協會《法輪叢刊》，第292/293號(1982)。

接下來的故事是本書新增的：〈佛陀的第一女施主：毘舍佉〉（佛瑞嘉德‧羅特摩瑟Friedgard Lottermoser翻譯，菩提比丘增編）；〈慷慨的遊女：菴婆波利〉、〈尸利摩與鬱多羅〉與〈伊師達悉：結束輪迴的旅程〉（阿瑪迪歐‧索爾‧霄瑞斯Amadeo Sole-Leris翻譯）。

〈從殺人犯到聖者之路：央掘摩羅〉，向智長老擴增翻譯。初次發行為佛教出版協會《法輪叢刊》，第312號(1984)。

〈佛陀的第一施主：給孤獨〉，在向智長老監督下翻譯。初次發行名稱為《給孤獨：偉大的布施者》，佛教出版協會《法輪叢刊》，第334號(1986)。

〈一些弟子的短篇傳記〉，根據慕迪塔‧艾柏特(Mudita Ebert)之翻譯改寫。初次發行為佛教出版協會《法輪叢刊》，第115號(1967)。

巴利原典之翻譯除非特別指出，皆各別作者所作。偈頌之翻譯除非特別指出，皆由菩提比丘完成。

譯註

① 佛教出版協會（Buddhist Publication Society，簡稱BPS）：位於斯里蘭卡康堤市（Kandy）。《法輪叢刊》(*The Wheel*) 由其發行。

森林中的法語
一位證悟者的見道歷程
Being Dharma

作者｜阿姜查｜Ajahn Chah｜
英文編譯譯｜保羅‧布里特｜Paul Breiter
譯者｜賴隆彥

法，是什麼嗎？

我們所追求的法——戒律與教導，是幫助我們了解的工具。教導是語言，法並不存在於語言中。語言是一條道路，為人們指出方向，引導心去認識與了解法。

到哪裡尋求佛法？

無論前往一間寺廟，或再往其它寺廟尋找，或到森林行腳與參訪，它都一直在那裡。法，就在你自身之內——就在你的身上。

禪定時，有不尋常的經驗？

不要懷疑修行中發生的這些事情，無論是飛到天上，或是沈入地下，或是好像快死了，都別在意。只要直視你內心的狀態，並保持覺知，這就夠了，你會在那裡找到支撐。於一切行、住、坐、臥的姿勢中，都保持正念正知，不執著任何出現的經驗。

你真的見法了嗎？

如果真的皈依佛，我們就必須見佛、見法與見僧。否則就只是念誦皈依文而已，無法真的了解佛。我們離他近嗎？或者離他很遠？什麼是法？什麼是僧？我們請求他們的救助與保護，但是我們接近過它們嗎？我們了解它們是什麼嗎？我們雖然以身體與嘴巴請求，但是我們的心卻不在那裡。

拼命努力，就能證法嗎？

刻意追求放下，則永遠放不下，無論嘗試多久，都辦不到。但是，在那一刻，當阿難決定停下來休息時，他放棄追求成就，只是用已經建立起來的正念進行休息，心一放下，他就看見並覺悟了。他不需要做什麼特別的事，之前他一直希望有事發生，但是都沒有用。沒有機會休息，就沒有機會證悟。

書系｜善知識系列
書號｜JB0007
定價｜320元

阿姜查的禪修世界
第一部 戒、第二部 定、第三部 慧
Food for the Heart

作者｜阿姜查｜Ajahn Chah
譯者｜賴隆彥

偉大南傳佛教森林禪師阿姜查的完整輯錄

　　對於關心阿姜查教法的讀者，這一套三本的《阿姜查的禪修世界》是不可不擁有的阿姜查完整輯錄。對於不認識阿姜查的讀者來說，阿姜查的這套書，讀來輕鬆幽默，卻蘊意深遠；即使是不修習佛法的讀者，也可以在其中盡情欣賞一個親切長者的智慧風采。

　　阿姜查是現代南傳佛教森林派的偉大行者，早年受過完整的傳統僧侶教育，通過最高級的正規佛學課程考試，但最後卻放棄學業，選擇了森林苦行僧的方式來追求佛法上的證悟。他的追隨者無數，上至王公貴族，下至販夫走卒，他都能以適切的方式教導，時而嚴厲，時而風趣，直截你心底深處。

　　阿姜查的教導，不強調任何形式的打坐，而以隨時觀察自己的心為主，他要我們明白，死亡是無可逃避的，唯一的出路就是訓練自己的心，安住於無為法中。只有這樣解脫才是可能的。阿姜查圓寂後，他的喪禮有一百萬人參加，其中包括泰國國王與王后。而他的法教，也隨著他眾多的西方弟子散播到世界各地。

　　此次將南傳佛教大師阿姜查說法的語錄合輯，共分為戒、定、慧三冊，內容是阿姜查對於「戒、定、慧」的真實體驗，而非只是對經典的詮釋。

書系｜善知識系列
書號｜JB0015
書號｜JB0016
書號｜JB0017

國家圖書館出版品預行編目資料

僧伽之父大迦葉‧佛法司庫阿難／向智長老(Nyanaponika
Thera),何慕斯‧海克(Hellmuth Hecker)著;菩提比丘編
輯;賴隆彥譯. －－初版. －－臺北市:橡樹林文化出版:
家庭傳媒城邦分公司發行, 2005[民94]
　　面;　　公分. －－（善知識系列;JB0022）
（巴利佛典佛陀的聖弟子傳;2）
　　譯自:Great disciples of the Buddha : their lives, their
works, their legacy
　　ISBN 986-7884-39-6（平裝）

　　1.佛教－傳記

229.2　　　　　　　　　　　　　　　　94000166

善知識系列　JB0022

僧伽之父大迦葉‧佛法司庫阿難

作者	向智長老（Nyanaponika Thera）、何慕斯‧海克（Hellmuth Hecker）
英文編者	菩提比丘（Bhikkhu Bodhi）
譯者	賴隆彥
封面設計	A'design

發行人	何飛鵬
事業群總經理	謝至平
總編輯	張嘉芳
編輯	陳芊卉
業務	顏宏紋
出版	橡樹林文化
	115 台北市南港區昆陽街16號4樓
	電話:(02)2500-0888　傳真:(02)2500-1951
發行	英屬蓋曼群島商家庭傳媒股份有限公司城邦分公司
	115 台北市南港區昆陽街16號8樓
	客服服務專線:(02)25007718;25001991
	24小時傳真專線:(02)25001900;25001991
	服務時間:週一至週五上午9:30～12:00;下午13:30～17:00
	劃撥帳號:19863813　戶名:書虫股份有限公司
	讀者服務信箱:service@readingclub.com.tw
香港發行所	城邦（香港）出版集團有限公司
	香港九龍土瓜灣土瓜灣道86號順聯工業大廈6樓A室
	電話:(852)25086231　傳真:(852)25789337
	Email: hkcite@biznetvigator.com
馬新發行所	城邦（馬新）出版集團【Cité (M) Sdn.Bhd. (458372 U)】
	41, Jalan Radin Anum, Bandar Baru Sri Petaling,
	57000 Kuala Lumpur, Malaysia.
	電話:(603) 90563833　傳真:(603) 90576622
	Email:services@cite.my
印刷	中原造像股份有限公司

初版一刷	2005年1月
初版八刷	2024年6月

ISBN 986-7884-39-6
售價200元
版權所有‧翻印必究（Printed in Taiwan）
缺頁或破損請寄回更換。